Caroline Parker

Holly

Ein Hundeleben

Impressum

Korrektorat/Lektorat: Heidemarie Rabe
Covergestaltung © Catrin Sommer – rauschgold.com

Caroline Parker
12247 Berlin
Caroline.parker001yahoo.com
www.carolineparker.blog

ISBN - 978-3-948092-25-2

Für alle Fellnasen da draußen.

(Und ganz besondes für Lola und Jesse, die am Ende der Regenbogenbrücke warten)

Vorwort

Die Geschichte von Menschen und Hunden ist eine Geschichte voller Missverständnisse. Glauben Sie nicht, Sie haben schließlich einen Hund und mit dem verstehen Sie sich ganz prima? Der Hund versteht Sie und Sie verstehen Ihren Hund? Sie sind ein Team? Nein. Wirklich nicht. Tut mir leid. In Wahrheit hat Ihr Hund Sie verstanden und macht einfach das Beste draus. Und nicht nur das. Der spielt Sie wie ein Klavier. Die meisten Hunde sind übrigens verdammt gute Klavierspieler, nicht wenige Virtuosen. Googeln Sie mal beste Klavierspieler der Welt. Rubinstein, Horowitz und Rachmaninoff. So hätten Sie getrost Ihren Hund nennen können. Natürlich fällt auch bei den Hunden kein Meister vom Himmel, aller Anfang ist schwer, und genau, nur Übung macht eben jenen Meister.

Ihr Interesse ist geweckt? Sie würden gerne mehr darüber wissen, was Ihr Hund verstanden hat und wie er Sie von morgens bis abends um die Pfote wickelt? Kein Problem, in diesem Buch erfahren Sie es. Aber keine falschen Hoffnungen, Sie sind dagegen vollkommen machtlos.

Ich habe einen wunderbaren Hund. Holly. Holly ist Mozart. Und natürlich ist Holly der beste Hund der Welt. Das sagen bekanntlich viele Menschen von ihrem Hund und das ist auch absolut in Ordnung, diese Menschen kennen Holly nicht. Sonst wären sie bekehrt.

Und Holly hat da mal was für Sie vorbereitet. Ihre Geschichte auf dem Weg zum besten Hund der Welt. Denn Holly hat verstanden – auch wenn es ein bisschen gedauert hat.

Ach so, ja, das hatte ich noch vergessen. Dies ist eine wahre Geschichte. Bis auf die Teile, die Holly sich ausgedacht hat natürlich. Dafür kann ich nichts, ich bin hier schließlich nur der Mensch, der alles für sie aufgeschrieben hat.

Teil 1

Die Welpen-Entführung

1.

Frauchen meinte, ich soll Ihnen erzählen, wie das so ist mit uns beiden. Also mit ihr und mir und den Missverständnissen. Die schonungslose Wahrheit soll ich berichten, sie könne damit umgehen. Hat sie gesagt. Klar. Ich mache auch gerne mal ein paar Tage freiwillig Diät. Und am allerliebsten gehe ich im Wald brav bei Fuß an der Leine, während alle anderen Hunde rumtoben dürfen. Aber was soll's, beginnen wir am besten ganz am Anfang, dem Tag also, als das Schicksal Frauchen und mich zusammenführte. Wobei, damit fängt es gleich an. Für mich war es Schicksal, Frauchen hingegen, die hatte mich ausgesucht.

Ich verbrachte die ersten acht Wochen meines Lebens bei meiner Hundemutter, die einen eigenen Satz Frauchen und Herrchen hatte. Allerdings musste sie sich den teilen, mit Onkel Tom (ja, lachen Sie ruhig, genau wie der von der Hütte) und Tante Pippa. Und natürlich mit uns, ihren neun Welpen. Aber nur kurz, dann kamen jede Menge neue Frauchen und Herrchen und holten uns Welpen ab. Wir konnten schließlich nicht ewig und nicht alle neune bei Mama bleiben. Das mag Ihnen jetzt vollkommen normal und schlüssig vorkommen.

Ist es aber nicht, zumindest nicht für den Hund. Der wird nämlich nicht nur nicht gefragt, ob er das überhaupt will, dem sagt auch keiner vorher Bescheid, dass bei Mama Schluss mit lustig ist und man mit roher Gewalt aus dem Nest geworfen wird. Und damit beginnen die Missverständnisse.

An jenem Tag war die Stimmung in meinem alten Zuhause irgendwie komisch. Herrchen war total aufgedreht, aber gleichzeitig traurig – so wie es eben nur Menschen können. Frauchen hat geheult wie der berühmte Schlosshund und meine Hundemama, ja die, die wirkte irgendwie richtig happy. Milch kriegten wir schon ein paar Tage nicht mehr von ihr, wahrscheinlich wusste sie, dass ihr Job getan war. Wenn ich es mir recht überlege, natürlich wusste sie, dass ihr Job getan war. Alle wussten das, nur leider hatte man vergessen, uns Welpen zu informieren.

Normalerweise ließ Herrchen uns nach dem Frühstück draußen spielen, an diesem Morgen aber blieben wir eingesperrt, stattdessen kam er immer wieder in unseren Welpenraum und nahm einen von uns mit. Erst „Blau", dann „Rot", dann „Gelb", „Grün", „Orange", „Lila", „Schwarz" und „Braun". Also „Blau" und „Grün" waren kein echter Verlust, die beiden hatten sich beim Fressen immer in die Schüssel gelegt, damit sie mehr abkriegten. Unter uns gesagt hatte man ihnen das auch angesehen. Schlank ging anders. Vor allem im Vergleich zu mir, ich war schon bei der Geburt die zarteste von uns neun und war es geblieben, weil die beiden Dickwänste sich ständig aufs Fressen warfen.

Als Herrchen „Pink" holte, wurde mir langsam mulmig zumute. Plötzlich war nur noch ich übrig. Ich war nie zuvor allein in dem Raum gewesen und begann vorsichtshalber mal zu heulen, was aber keinen interessierte, war schließlich keiner mehr da. Also tat ich das Einzige, was mir außer Heulen einfiel: Ich schlief ein und wachte erst wieder auf, als Herrchen mich auf den Arm nahm.

„Weiß, meine Kleine, jetzt bist du dran“, sagte er und gab mir einen kleinen Kuss auf meine Hundestirn. Ich bedankte mich mit einem dicken Zungen-Schleckerer durch sein ganzes Gesicht. Ich war Herrchens Liebling, daran gab es keinen Zweifel.

„Du bist die Bekloppteste von allen“, hätte er wohl sonst nicht jedes Mal gesagt, wenn ich an seinem Hosenbein gezerrt hatte oder an ihm hochgesprungen war. Oder als ich in dem Gummireifen feststeckte und wie ein kleiner Buddha auf meinem Popo saß, während ich hektisch versuchte, das Ding durchzukauen, um endlich weiterrennen zu können.

Das alles war in dem Moment jedoch vergessen, ich spürte mein kleines Hundeherz wie wild pochen. *Dran*, was meinte der mit *dran*? Dieses *Dran* klang bedrohlich. Wie überhaupt alles an diesem Tag bedrohlich wirkte. Vielleicht würden wir alle umgebracht? Gemeuchelt, gemordet, verscharrt? Waren die anderen am Ende schon tot?

Wir hatten uns oft gefragt, so vor dem Einschlafen, was eigentlich in dem großen Haus vor sich ging, in dem Herrchen, Frauchen, Mama, Onkel Tom und Tante Pippa wohnten. Wir hatten nur ganz selten rüber gedurft, nie lange und nie alle zusammen. Warum im Namen aller Hundegötter war uns das nicht gleich komisch vorgekommen?

Die großen Hunde hatten sich immer ziemlich bedeckt gehalten, wenn es darum ging, was da im Haus so alles passierte. Natürlich, die waren Teil der Welpen-Meuchelmord-Verschwörung! Plötzlich war alles klar. Hatte Tante Pippa nicht mal so ganz nebenbei erwähnt, dass man in China Hunde esse! Wer sagte eigentlich, dass wir nicht in China waren? Was war dieses

China überhaupt? Sicher war das große Haus China. Nur so konnte es sein.

Oh Gott! Mir fiel siedend heiß ein, dass Herrchen neulich zu einem der Besucher, die kamen und uns streichelten, gesagt hatte, dass er gerne mal wieder chinesisch essen würde. Irgendwas von Köstlichkeiten und Lieblingsgericht hatte er erzählt. Darum hatte er sich also neun zarte Hundewelpen in der Garage fett gefüttert. Neun Köstlichkeiten aus eigener Zucht!

Und nun war es so weit. Es war der Tag gekommen, an dem wir gekocht und verspeist würden. Von Herrchen und Frauchen! Wahrscheinlich machten Mama, Onkel Tom und Tante Pippa auch mit! Warum wurden die eigentlich nicht gefressen? Na, an mir würden die wenigstens wenig Freude haben, dünn wie ich war. Kein Wunder, dass die sich die fetten Brocken „Blau“ und „Grün“ zuerst geholt hatten.

Ich beschloss, gegen mein Schicksal zu kämpfen, und stemmte instinktiv meine kleinen Pfoten gegen Herrchens Brust und versuchte, mich aus seinem Arm zu befreien. Leider wusste der Mann, was er tat, und ich strampelte vergebens.

„Ganz ruhig, Weiß, meine Kleine, es wird alles gut.“

Ja, für ihn vielleicht. Wir waren schließlich nicht der erste Satz Welpen aus eigenem Anbau, den er sich großgezogenen hatte. Wir waren bereits der Q-Wurf und zum ersten Mal bemerkte ich, dass Herrchen auch nicht der Schlankste war.

Er ging mit mir ins Haus, wo es herrlich warm war. Na super. Offensichtlich war der Mann gar nicht so ein Held, wie wir die ganze Zeit gedacht hatten. Ich meine, der hatte sich offenbar in der Riesenhütte ins Warme gesetzt und Hunde gegessen, während wir uns im Welpenzimmer eng aneinander kuscheln mussten, damit wir nicht erfroren. Mistkerl! An meiner *Menschenkenntnis* musste ich echt arbeiten. Wenn mir denn noch Zeit blieb, bevor ich in den Kochtopf wanderte.

Im Haus warteten drei Frauen auf uns. Zwei jüngere und eine große ältere, die schon von Weitem so eine Hier-bestimme-ich-Art ausstrahlte. Ganz klar, eine Rudelführerin. Was wollten die hier? Hatte Herrchen mich etwa an die Tante da verkauft? Als Sonntagsbraten? Oder waren die drei zum Neun-Köstlichkeiten-Mahl eingeladen? Irgendwie kamen die mir auch bekannt vor. Die hatte ich schon mal gesehen. Kam ich etwa als Letzte in den Ofen, weil ich so klein war? Das konnte nicht Herrchens Ernst sein! Ich stemmte meine Pfoten wieder gegen seine Brust und sah mich hilfesuchend um. Meine Mutter blickte gelangweilt in die andere Richtung, Onkel Tom, der immer ein wenig nah am Wasser gebaut hatte, schnüffelte betont an Herrchens Bein. Und selbst Tante Pippa, die für gewöhnlich total gut drauf war, schaute für ihre Verhältnisse betreten – aber auch irgendwie gierig. Gut, wir waren Retriever und Retriever haben immer Hunger, aber trotzdem, die hatten beide so ein verräterisches Flackern in den Augen, das ich so noch nie gesehen hatte.

Herrchen drückte mich der fremden Rudelführerin in den Arm und plötzlich ging es los. Sechs Hände fielen über mich her, als sei ich der letzte Hund auf der Welt und es gälte, mich zu Tode zu streicheln, was mich in meiner Vermutung bestärkte, dass mein letztes Stündlein geschlagen hatte.

„Ist die süß."

„Schau mal, die Pfötchen."

„Oh, hat die eine süße Nase."

„Wie die guckt", so ging es mehrere Minuten lang.

Ich dachte nur: Ja, wie guck ich denn wohl? Panisch? Lecker? Saftig?

Ich habe dann mal laufen lassen, da ich keinen Grund sah, mit voller Blase zu sterben. Das fanden die drei nicht mehr ganz so süß. Geschah ihnen recht, ganz ehrlich, wer isst denn bitte einen Hundewelpen und erzählt dem vorher noch, wie hübsch er ist?

Plötzlich ging alles ganz schnell. Die Tante marschierte mit mir auf dem Arm nach draußen, die beiden anderen trotteten brav hinterher. Wir sind in ein Auto gestiegen, ich kam bei einer der Jüngeren auf den Schoß und die Tante fuhr los. Gegessen würde ich also offenbar nicht. Zumindest nicht sofort und nicht von Herrchen. Wenigstens etwas. Nur, was um Himmels willen hatten die mit mir vor? Ordentlich Tschüss hatte Herrchen mir auch nicht gesagt. Was für ein Rüpel! Ehrlich, wie konnte man sich so verhalten? Er hatte mir nicht Tschüss gesagt! Was, wenn ich ihn nie wiedersehen würde?

Herrchen? War der jetzt wirklich weg?

Herrchen!? So richtig weg?

Ich begann zu heulen.

2.

Die Autofahrt dauerte ewig. Herrchen war ein paar Mal mit meinen Geschwistern und mir durch die Gegend gefahren, damit wir das lernten, aber das waren höchstens ein paar Minuten gewesen. Die drei Tanten und ich waren mehrere Tage unterwegs! Oder noch länger.

Ich musste allerdings zugeben, dass die nicht so übel waren, die drei. Dafür, dass sie mich essen wollten. Die beiden Jüngeren haben mich die ganze Zeit gestreichelt, was mich wohl beruhigen sollte. Klappte leider nur ein bisschen gut, ich war so panisch, dass mir erst mal das Futter vom Frühstück wieder hochkam.

Und panisch war ich zu Recht, wie sich schnell herausstellte. Die Obertante hielt nämlich sofort an und band mir einen Strick um den Hals. Aha. Jetzt war es so weit, ich wurde ausgesetzt. Das war also der wahre Plan! Oder Plan B. Offenbar taugte ich zum Festtagsbraten nicht, weil ich so klein war und es keine Aussicht gab, mich dicker zu kriegen, da ich alles wieder auskotzte.

Onkel Tom hatte uns oft, gerne und stolz erzählt, dass wir

Flat Coated Retriever und damit Rassehunde seien, die großes Glück hätten, weil wir in einem Welpenzimmer aufwuchsen und nicht auf der Straße. Er hatte dabei geflennt wie ein Baby, als er von den armen Hunden im Tierheim und in Rumänien erzählt hatte. Für einen fulminanten Flattie-Rüden war Onkel Tom schon ein rechtes Weichei.

Tja, dachte ich nun, hätte ich damals bloß mitgeflennt, aber wie hätte ich ahnen können, dass ich selber mal an der Autobahn an einer Raststelle ausgesetzt werden würde, weil ich nicht fett genug war. So viel zum Thema Rassehund und Body-Shaming.

Die Obertante setzte mich auf die Erde und sah mich erwartungsvoll an. Ich sah erwartungsvoll zurück. Ich war wohl kaum der Chef hier. Die hatte mich schließlich gefesselt und geknebelt. Und wenn sie mich aussetzen wollten, musste die schon weggehen, nicht ich. In Ermangelung einer besseren Idee tat ich, was ich bereits den ganzen Tag getan hatte und was überhaupt nichts nützte: Ich stemmte meine kleinen Hundepfoten, so fest ich konnte, in den Boden und blieb sitzen.

Nach einer Weile nahm die Tante mich hoch und ich war zum ersten Mal stocksauer auf meine Geschwister! Besonders auf „Grün" und „Blau". Wenn die mir nicht immer alles weggefressen hätten, wäre ich groß und stark und hätte ihr sicher Paroli bieten können. So aber saß ich hilflos auf ihrem Arm und stemmte meine Pfötchen gegen ihre Brust.

„Holly, Schätzchen, alles ist gut", sagte sie plötzlich ganz sanft.

Langsam wurde mir das echt alles zu viel. Wer war bitte Holly-Schätzchen? Ich ließ erst mal laufen, was mir einen unerwarteten Erfolg bescherte. Die Tante setzte mich ins Gras neben dem Gehweg. So ging das also, wenn man runter wollte vom Arm. Einfach laufen lassen, das musste ich mir auf jeden Fall merken.

„So ist es ein feines Pipi, das machen wir aber auf der Erde“, säuselte sie und streichelte mir über den Kopf.

Wahrscheinlich waren Holly-Schätzchen und Feines-Pipi die beiden Mädchen, die neben uns standen und dem Schauspiel „Ich rede wirres Zeug mit einem Hund“ wortlos zuschauten. So musste es sein, war mir in dem Moment aber ausgesprochen egal. Ich mochte klein und dünn sein, dumm war ich aber ganz gewiss nicht. Wenn ich schon auf der Erde saß, würde ich meine Chance zur Flucht nutzen! Ha! Ich rannte los, so schnell ich konnte, um sofort von dem Strick um meinem Hals gestoppt zu werden. Den hatte ich ganz vergessen.

„Gott, ist die süß!“, hörte ich plötzlich eine neue Stimme von oben.

Ich sah hoch und da stand eine Frau, die mich ganz verzückt ansah.

„Hilfe!!“, bellte ich, so laut ich konnte. „Ich bin entführt worden und die drei wollen mich später rösten und fressen! Oder aussetzen!“

Leider verebbte mein Schrei nach Hilfe in einem Strom aus „Wie niedlich.“

„Die kann ja schon bellen!“

„Ja, das ist ein kleiner Flattie“, und, „wir haben sie gerade vom Züchter abgeholt.“

Ich versuchte erneut zu fliehen und zerrte an dem Strick, bis ich keine Luft mehr bekam.

„Die hat aber einen ganz schön starken Willen für einen so kleinen Hund“, kommentierte die Frau, während ich fast erstickte und Sternchen sah. Dann drehte sie sich um und ging.

Wahrscheinlich war die ebenfalls eine von diesen brutalen Welpenfressern und ich sollte froh sein, dass sie nicht gleich mal spontan zum Festmahl eingeladen worden war. Wobei, wen scherte es schon, ob sich später drei oder vier Menschen über meine zarten Schenkelchen hermachten?

Es dauerte nur wenige Sekunden und ich saß wieder auf dem Arm der Obertante, wurde zurück ins Auto gebracht und die Fahrt ging weiter. Den Strick um den Hals ließ man mir vorsichtshalber wegen Fluchtgefahr dran. Selbstverständlich war ich lange noch nicht bereit aufzugeben, aber selbst der mutigste Widerstandskämpfer brauchte mal eine Pause. Ich schlief vollkommen erschöpft auf dem Schoß des einen Mädchens ein.

3.

Rückblickend gesehen war die Fahrt in mein neues Zuhause vielleicht gar nicht so schlimm und meine Angst, jede Sekunde ausgesetzt oder ermordet zu werden, leicht übertrieben. In dem Moment allerdings war ich nur ein acht Wochen alter Welpe, den man vergessen hatte, auf den Verteiler zu setzen, dass seine Welt von einer Sekunde auf die andere aus den Fugen geraten würde.

Und seien wir mal ehrlich, der Hauptgrund für die unzähligen Missverständnisse dieser ersten Stunden und Tage war simpel: Menschen haben einen Plan, auf dem ca. zwei Millionen Dinge stehen, was sie mit ihrem Hund vorhaben und von ihm wollen. Der Hund wird mit diesem Plan nicht überrascht, sondern aus einem Hinterhalt regelrecht überfallen und soll den ganzen Zinnober dann auch noch möglichst schnell verstehen. Und mitmachen, natürlich.

Keine leichte Aufgabe für uns Hunde, wie Sie sich vorstellen können. Und falls nicht, sage ich es mal so: Als Hund macht man sich eben eher selten Gedanken, warum Pipi dort hui, an einer anderen

Stelle aber pfui ist. Und haben Sie mal einem Wolfsrudel beim Fressen zugeschaut? Da versteckt keiner eine besonders saftige Keule in Schränken oder Schubladen, holt sie nur zu bestimmten Zeiten raus und schikaniert die anderen mit „Sitz“ und „Platz“, bevor sie ran dürfen. Da futtert jeder, sobald das Zeug da ist, und der Chef, der frisst eben als Erster.

Haben Sie mal über Leinen nachgedacht? Sicher haben Sie das, nur nicht aus der Sicht Ihres Hundes. Sie brauchen nämlich gar keine Leine. Also der Hund nicht, der Besitzer vielleicht schon. Wir würden doch aus Liebe zu unserem Menschen sowieso immer wieder zu ihm zurückkehren. Eventuell nicht sofort und nicht ohne Umwege. Aber was stört eigentlich daran, wenn wir auf dem Weg zurück zu Ihnen ein bisschen spielen, einen kleinen Snack am Straßenrand einnehmen, kurz mal schnüffeln? Wir kommen doch gleich.

Damit wären wir beim springenden Punkt. Wir Hunde haben ebenfalls einen Plan, auf dem steht allerdings nur genau eine Sache: Liebe. Das ist die Schnittmenge zwischen Menschen- und Hundeplan. Menschen lieben ihre Hunde und Hunde lieben ihre Menschen. Und genau deshalb spielen wir Hunde mit und halten uns mehr oder weniger eng an den Menschenplan. Auf unserer Seite steht ja sonst nichts, wir haben absolut die Kapazitäten, am Menschenplan mitzuarbeiten – sofern wir ihn verstehen.

Ich wachte aus meinem kleinen Widerstandskämpferinnen-Welpen-Schläfchen zu den Worten „Das wird eine lustige Nacht, nachdem die Kleine vier Stunden im Auto gepennt hat“ wieder auf. Es war stockdunkel und ich hatte keine Ahnung, wo ich war. Ich ließ erst mal laufen und seufzte aus ganzem Herzen.

„Oh, Schnuckelchen, ist doch alles gut", erklärte das Mädchen, auf deren Schoß ich immer noch lag. „Alles wird gut, auch wenn ich die Hose ganz sicher wegschmeiße, nachdem du mir da mehrfach draufgepinkelt und -gekotzt hast. Damit kann ich mich ja safe nirgends mehr blicken lassen."

Ich sah mich um. Wo war Schnuckelchen? Hatten die, während ich kurz mal weggenickt war, etwa noch einen Welpen geholt? Moderne Vorratshaltung, oder was sollte das werden? Planten die eine Party? Freiessen für alle? Waren die unersättlich? Zumindest waren sie gute Futterverwerter, dick sahen sie alle nicht aus.

Wir stiegen aus dem Auto aus und ich wurde in einen kleinen Park gesetzt. Einen winzigen Park direkt vor einem Haus, um es mal genau zu sagen. Fand ich gut, auch wenn ich keine Ahnung hatte, was ich da jetzt wieder machen sollte. Wegrennen ging immer noch nicht, schließlich hatte ich weiterhin meinen Strick um den Hals.

„Feines Pipi", forderte mich die Obertante aufmunternd auf.

Ich sah sie an. Was wollte die von mir? Sollte ich Feines-Pipi beißen? Fressen? Anspringen? Feines-Pipi und Holly-Schätzchen standen wie schon zuvor wortlos daneben und guckten mich an. Diese Menschen sprachen so was von in Rätseln und ich wünschte mir plötzlich, Onkel Tom wäre da, der konnte immer so gut erklären, was die von uns wollten. Aber Onkel Tom war weg. Genau wie Tante Pippa, Mama, Herrchen und Frauchen. Mir wurde plötzlich ganz schwer ums Herz. Ich begann zu heulen.

„Ich glaube, sie ist mit Pipi fertig", erklärte die Tante und nahm mich auf den Arm.

Hä? Was sollte das jetzt wieder? Was hatte ich mit Feines-

Pipi zu schaffen, außer, dass ich offenbar die vergangenen Stunden auf ihrem Schoß gesessen hatte? Ich kannte das Mädchen doch gar nicht und war schon mit ihr fertig?

Mir schwante langsam, dass diese Leute, bei denen ich da gelandet war, nicht ganz dicht waren. Hoffnung keimte in mir auf, dass die vielleicht sogar zu blöd sein würden, mich zu kochen und zu essen.

Sie trugen mich in das Haus neben dem Park, wo ich sanft zurück auf den Boden befördert wurde und der Strick endlich abkam. Die drei schauten mich erwartungsvoll an, das machten die offenbar ganz gerne. Musste so eine Art Hobby von denen sein. Ich setzte mich hin und schaute zurück. So ein Flat Coated Retriever kann sehr anpassungsfähig sein.

Eine Zeit lang passierte nichts. Mir dämmerte, dass sie wohl warteten, dass ich etwas machte. Das hatten wir gerne, sich einen Sonntagsbraten ins Haus holen, und der sollte vorher noch den Entertainer geben. Ich tat ihnen den Gefallen, denn trotz aller Angst vor meiner kurzen Zukunft war meine Neugierde stärker. Wenn ich schon in Bälde im Kochtopf landete, konnte ich aus der Zeit, die mir verblieb, wenigstens das Beste machen. Irgendetwas war außerdem ganz merkwürdig in diesem Haus. Dieser Geruch, der überall hing, ganz, ganz komisch. Ich lief, Nase auf dem Boden, los.

„Sie riecht den Eddie!", hörte ich die Obertante begeistert rufen.

Was war Eddie? Mir wurde das mit diesen ganzen Namen langsam zu blöd. Ich schaltete meinen Ohren auf Durchzug und konzentrierte mich lieber darauf, die neue Umgebung zu erkunden. Das war so spannend, dass ich fast vergaß, Angst zu haben. Und dann geschah etwas ganz Wunderbares. Dachte ich zumindest für einen kurzen Augenblick.

4.

Vor mir war wie aus dem Nichts ein riesiger Napf mit Fressen aufgetaucht. Ich schaute mich kurz um. Keine Geschwister, die mich rüde zur Seite schubsten, um sich vollzufressen. Kein „Blau", der sich direkt ins Futter warf. Ich sah nach oben. Die drei beobachteten mich weiter, wie hobbylos waren die eigentlich? Wenigstens machten sie keine Anstalten, über den Napf herzufallen.

Ich beschloss, die drei einfach zu ignorieren, und widmete mich dem Futter. Ich hatte gerade so viel der in warmem Wasser eingeweichten Bröckchen ins Maul genommen, wie maximal möglich, als mir wieder einfiel, in was für einen Film ich da geraten war. Die drei wollten mich also doch fett füttern! Offenbar hatten sie die Hoffnung nicht aufgegeben, mich zu braten. Ich würgte und spuckte alles wieder aus. Was mir nicht leicht fiel. Fressen war so ziemlich das Beste, was es auf der Welt gab.

„Das ist das Futter, das wir vom Züchter bekommen haben! Das kennt sie, warum frisst sie das denn jetzt nicht?", fragte die Obertante ganz bekümmert und streichelte mir über den Rücken. „Fein Fressi, Fressi machen."

Ich hatte echt Kohldampf und weder Zeit noch Lust, über Fein-Fressi und wer das nun wieder war nachzudenken. Außerdem brachte mich der Geruch, der aus dem Napf strömte, fast um. Ich nahm ein weiteres Maul voll Futter und begann zu kauen. Warum diesen armen hobbylosen Kreaturen nicht die paar Gramm mehr gönnen, die ich nach dem einen Festmahl auf die Waage bringen würde? Die drei schauten mir unterdessen zu, als hätten sie noch nie in ihrem Leben einen Hund gesehen, geschweige denn einen fressenden. Wo war ich hier nur hingeraten? Guckten die sich etwa hungrig?

Ich entschied, sie ab sofort wirklich mit Nichtachtung zu strafen, da die ganz offenbar einen gepflegten Dachschaden hatten, und fraß in Ruhe auf. Leider traf mein Entschluss auf wenig Gegenliebe. Kaum hatte das letzte Matschbröckchen seinen Weg in mein Maul gefunden, hob die Tante mich schon hoch und ging mit mir zur Tür.

Hallo? Schüssel auslecken? Wie war die denn drauf?

Wir gingen zurück in den Mini-Park, die Tante legte mir den Strick um den Hals und setzte mich auf die Erde.

Und nun? Da ich typisch Flattie ein schneller Lerner war, sah ich sie erwartungsvoll an. Sie sah erwartungsvoll zurück. Schien ein bisschen unser Ding zu werden, dieses sinnbefreite Gucken.

„Pipi machen, feines Pipi machen, Holly-Schätzchen macht jetzt feines Pipi."

Ihre Stimme klang aufmunternd, richtig nett. Ich musterte die Frau, in deren Gewalt ich mich befand, zum ersten Mal genauer. Sie sah sogar nett aus. So nett, dass ich begann, sie zu mögen. Schade eigentlich, dass die Frau eine komplette Bratmeise hatte. Sie tat mir fast ein bisschen leid. Denn mal unter uns gesagt, Feines-Pipi war gar nicht mit rausgekommen. Holly-Schätzchen und die ganzen anderen auch nicht. Hier draußen im Mini-Park waren nur sie und ich.

Mein Mitleid mit dieser merkwürdig-netten Menschenfrau hielt sich allerdings schnell in Grenzen, ich hatte ein ganz anderes Problem. Ich musste dringend laufen lassen. Nur irgendwie traute ich mich nicht. Alles war so anders als zu Hause, da hatten wir entweder auf den Holzspänen im Welpenzimmer oder draußen im Garten laufen lassen. Hier in dem fremden Park war mir das eindeutig zu gefährlich. Was da alles passieren konnte! Ich presste meinen Po so fest zusammen, wie ich konnte, und begann rumzulaufen. Sicher war sicher. Nicht, dass sich plötzlich die Erde unter mir auftat oder so was.

Roch alles sehr interessant. Und überall waren kleine Büsche und Blumen. Super! Ein Hundespielplatz! Ich vergaß meine dringenden Bedürfnisse und Sorgen und schnüffelte an einem kleinen Baum. Köstlich. Und da, ein geheimnisvoller Busch! Huch, ein Blatt. Wie das flatterte. Ich war total aufgeregt und begann, dem Blatt nachzurennen, bis ich rüde vom Strick gestoppt wurde. Mal wieder. Egal. Ich zog, so fest ich konnte, denn ein kleines Stück weiter duftete es noch viel spannender. Die Tante stand die ganze Zeit neben mir und beobachtete mich aufmerksam. Klar, die hatte Schiss, dass ihr Abendessen sich aus dem Staub machte, und passte auf.

„Ich glaube, das wird nichts mehr“, sagte sie plötzlich und nahm mich auf den Arm, was ich einen ziemlichen Abtörner fand, immerhin hatte ich gerade das erste Mal so etwas wie Freude gehabt, seitdem die mich mitgenommen hatten. Okay, nicht das erste Mal, das Fressen war auch gut gewesen.

„Ich lasse dich in einer halben Stunde noch mal raus“, versprach sie mir und streichelte mich dabei.

Ich sah die Frau lange an. Warum in Gottes Namen blieben wir nicht einfach draußen, warum dieses ewige Hin und Her?

Okay, okay, ich hatte verstanden, ich war eine Gefangene und hatte kein Mitspracherecht. Ich musste nehmen, was kam. Plötzlich fiel mir ein, dass da doch noch was gewesen war. Genau! Ich ließ erst mal laufen. Sie dürfen mir glauben, das tat wirklich gut in dem Moment, ich konnte förmlich spüren, wie sich mein Beckenboden entspannte. Herrlich.

„Iiieh. Holly, du Schweinchen!", schimpfte die Frau vollkommen unentspannt sofort los und setzte mich zurück auf die Erde. „Da ist feines Pipi!", erklärte sie mir und zeigte auf den Boden.

Ich sah mich um. Von Feines-Pipi weit und breit keine Spur. Auch nicht von Holly-Schätzchen oder Holly-Schweinchen. Nur die Tante und ich. Sie nahm mich wieder auf den Arm und streichelte mich.

„Holly, du bist eine ganz Süße, aber ich befürchte, du wirst uns noch ganz schön auf Trab halten."

Ich schleckte ihr übers Gesicht. Ich konnte nicht anders, ich mochte sie plötzlich, verrückt wie sie war. Oder vielleicht gerade deswegen. Angeblich war ich auch bekloppt. Zwei vom gleichen Schlag. Wobei. Ganz ehrlich? Die Tante hatte eindeutig noch mehr einen an der Murmel als ich.

„Na komm Holly, wir gehen wieder rein, nachher probieren wir das noch mal."

Ich fühlte mich von einer Sekunde auf die andere unglaublich müde. Mein Kopf sank gegen ihre Schulter.

„Feine Holly, schlaf schön, das war ein aufregender Tag für dich."

Mir kam ein merkwürdiger Gedanke, vielleicht träumte ich auch schon? Konnte es sein, dass ich Holly war? Nein, ich war Weiß. Oder? Holly? Weiß? Weiße Holly? Aber warum? Mein Fell war eindeutig schwarz. Und waren diese komischen Leute am Ende nett und wollten mich gar nicht essen? So viele Fragen. Mir fielen die Augen zu.

5.

Es ist eine besondere Eigenart von Menschen, dass sie wahnsinnig gerne bestimmen – besonders über ihren Hund. Dafür haben sie den zuvor bereits erwähnten Generalstabsplan für ihre Machtübernahme erstellt. Damit auch wirklich nichts schiefgeht, gibt es zusätzlich eine nicht unbeträchtliche Anzahl von Werkzeugen, mit denen die Herrschaft über Bello hergestellt und verteidigt werden soll. Jetzt mal Hand aufs Herz, so was haben Sie auch, oder? Nicht schummeln! Sie können ruhig zugeben, dass Sie mehr als nur eine Leine zu Hause haben, um Waldi zur Mitarbeit zu bewegen. Dabei wäre das alles gar nicht nötig. Wir lieben Sie doch und würden es auch so tun.

Das glauben Sie nicht? Haben Sie schon mal einen Hund gesehen, der einen anderen Hund an die Leine genommen hätte, um ihm zu zeigen, wer das Sagen hat? Nein? Komisch, oder? Und machen wir uns nichts vor, ein treu-doofer Blick aus braunen Hundeaugen bringt einen verdammt weit – beim Menschen. Jeder Hund, der was auf sich hält, ist allerdings gegen einen bittenden Blick seines Menschen oder eines anderen Hundes absolut immun. Wir haben eben auch unsere Waffen – kostengünstig, immer dabei, universal einsetzbar.

Aber ich wollte von den Hilfsmitteln der Menschen erzählen. Mein brandneues Frauchen hatte sich selbstverständlich bis über beide Ohren damit eingedeckt, wie ich in meiner ersten Nacht in der neuen Heimat merken sollte. Die Frau war quasi bis an die Zähne bewaffnet im Kampf um die Macht über ihren 5-Kilo-Welpen. Der Strick, der war nur der Anfang gewesen. Schnell zog sie alle Register und schreckte auch nicht davor zurück, das perfidestes aller Werkzeuge schamlos einzusetzen: das Leckerchen.

Basierend auf der Tatsache, dass Hunde immer Hunger haben, muss irgendwann ein Mensch auf die glorreiche Idee gekommen sein, dass Hund tut, was Mensch will, wenn man ihm dafür etwas ins Maul schiebt. Stimmt zu 100 Prozent. Das kann nur ein Hundeversteher gewesen sein. Zum Glück für unsere Spezies ist die Lernkurve eines jungen Hundes aber steiler als die Abfahrt der Kitzbühler Streif und jeder Welpe versteht so noch vor dem ersten ordentlich ausgeführten „Sitz“, dass es sich nur lohnt zu gehorchen, wenn die Entlohnung stimmt. Und wirklich nur dann.

Gitter. Überall Gitter. Wo hatte die Tante mich hingebracht? Vielleicht schlief ich noch? Nein, meine Augen waren offen und bevor ich überlegen konnte, warum ich hinter Gittern saß, saß ich schon wieder auf dem Arm der Tante.

„Hallo Holly“, flüsterte sie zärtlich in mein Ohr.

Ich verstand die Welt nicht mehr. Offenbar war ich Holly und nicht Weiß. Na gut, warum nicht. Ich wurde gefüttert und gekuschelt – sehr gut –, aber gleichzeitig mit einem Strick gefesselt und in ein Hundegefängnis gesteckt – überhaupt nicht gut. Ständig wollte jemand was von mir – manchmal gut, manchmal nicht gut. In diesem Moment null gut. Die Tante war mit mir schon wieder auf dem Weg nach draußen. Warum? Es musste mitten in der Nacht sein und ich sollte in diesen blöden Park. Warum schlief die nicht wie jeder vernünftige Hund. Oder Mensch? Na gut, dass die nicht ganz klar im Oberstübchen war, hatte ich verstanden. Aber warum war es ihr so ein Bedürfnis, mich ständig auf die eiskalte Erde da draußen zu setzen? Denn genau da saß ich schon wieder.

„Feines Pipi machen, Holly. Feines Pipi."

Ich setzte mich wie gewohnt auf meinen Po und wartete ab, dass etwas passierte. Ich war müde. Es war kalt im Park. Und dunkel. Ich wollte den blöden Strick nicht um dem Hals haben. Außerdem hätte ich echt gerne laufen lassen, aber mir war das alles viel zu unheimlich. Ich winselte ein bisschen.

„Holly, Süße, du musst Pipi machen. Feines Pipi", sagte die Tante zu mir und sah mich erwartungsvoll an.

Ich schaute erwartungsvoll zurück, obwohl ich bereits eine Ahnung hatte, wie sich die Sache entwickeln würde. Und zack, richtig geahnt. Sie nahm mich wieder auf den Arm. Das musste man ihr allerdings lassen, es war schön warm und kuschelig bei ihr. Sie roch auch unheimlich gut. So ein zarter Hauch von Bröckchen-Duft schwebte über ihr. Mmmh. Ich begann gerade, mich zu entspannen und meine Pomuskeln zu relaxen, als sie mich mit einer Art Kampfschrei zurück auf den Boden schmetterte.

„Wusste ich es doch, dass du Pipi musst!", erklärte sie triumphierend.

Mir war das jetzt echt zu blöd. Mir war kalt, besonders am Hintern, und ich wollte wieder rein ins Warme. Um das mal klarzustellen, die Tante hatte sich eine sehr dicke Jacke mit Kuschelkragen angezogen und ich saß da nur mit meinem dünnen Welpenfell. Ich begann zu zittern. Und dann war mir plötzlich alles egal, sollten mich doch die Bodengeister oder sonst was holen, ich ließ laufen.

Was nun folgte, übertraf alles, was ich bis zu dem Moment erlebt hatte, und das war nicht wenig, wenn man es aus der Perspektive eines zwei Monate alten Welpen betrachtete. Die Frau, dieses merkwürdige Wesen, sah mich kurz verzückt an und begann in „Ich wecke alle Nachbarn, aber es ist mir egal"-Lautstärke zu posaunen: „Feines Pipi, so ein feines Pipi. Tolles Pipi. Braves Pipi. Das hast du so fein gemacht, das Pipi. So eine tolle Holly."

Konnte die sich mal entscheiden. Sollte ich nun Pipi oder Holly sein? Konnte ich nicht einfach Weiß bleiben? Warum musste die alles so kompliziert machen? Und dann wurde es noch skurriler. Es regnete plötzlich unzählige Leckerchen vom Himmel. Oder, um es genauer zu sagen, aus ihrer Hand.

Nun gut, wer war ich schon, dass ich immer alles hinterfragte. Ich war ein Hund und welcher Hund lehnte Leckerchen ab? Genau? Keiner! Ich begann, die Dinger so schnell zu fressen, wie es irgend ging. Bei der Tante konnte man nie wissen, was ihr als Nächstes einfiel.

Erstaunlicherweise schien sie plötzlich unheimlich zufrieden zu sein, nahm mich wieder auf den Arm und streichelte mich.

„So eine feine Holly", säuselte sie mir ins Ohr.

Ich hatte offenbar etwas gemacht, was ihr gefallen hatte. Ich vermutete stark, dass es einen Zusammenhang zwischen Pipi, ihrem Arm, dem Park, laufen lassen und vor allem Extra-Futter geben musste. Leider war ich schon wieder zu müde, um weiter darüber nachzudenken. Es war ein wirklich sehr langer Tag gewesen. Ich schleckte sie kurz ab und schon fielen mir wieder die

Augen zu. So ein kleiner Welpe braucht viel Schlaf, insbesondere wenn sein Leben so kompliziert war wie meins.

6.

Keine Ahnung, wie lange ich weggenickt war, aber plötzlich war ich hellwach. Ich war wieder hinter Gittern! Das ging gar nicht. Die Obertante war noch dabei, sich ihre dicke Jacke auszuziehen. Lange konnte ich also nicht geschlafen haben. Ich begann, mit meinen Pfoten an den Gitterstäben zu kratzen. Ich wollte raus. Ich wollte nicht eingesperrt sein. Ich kannte so ein Gitterding aus meinem alten Zuhause, so was hatte da im Garten auch rumgestanden und wir waren beim Toben rein- und rausgelaufen. Ganz vielleicht war der eine oder andere von uns in dem Ding sogar mal von bleierner Müdigkeit übermannt worden und eingeschlafen. Aber die Tür war immer offen gewesen. Ich verspürte einen kleinen Hoffnungsschimmer. Es war bereits klar, dass diese Leute nicht die hellsten Kerzen auf der Torte waren. Vielleicht hatten sie die Tür aus Versehen zugemacht? Oder wussten gar nicht, dass die offen bleiben musste! Das musste es sein! Ich kratzte noch stärker mit meinen Pfoten an den Stäben, um auf den Fehler hinzuweisen.

„Holly, du warst doch schon eingeschlafen. Du bist ein ganz

müder kleiner Hund“, sagte die Tante, die es sich derweil auf einem großen, offenbar sehr weichen Sofa bequem gemacht hatte. Man konnte sie kaum sehen, so tief war sie darin eingesunken.

Hallo? Ich war kein müder Hund, ich war ein verdammt saurer, hellwacher Hund. Ich wollte raus. Und zwar sofort. Ich wollte auch aufs Sofa.

„Holly, schlafen. Es ist alles gut.“

Nix war gut. Ich wollte raus.

„Holly, schlafen. Es ist alles gut.“

Nix war gut. Ich wollte raus.

Tantchen wechselte die Strategie. Sie schaute betont in die andere Richtung und sagte nichts mehr. Ganz klar, wenn ich auf dem Sofa gelegen hätte, wäre ich auch still gewesen.

Ich kratzte ein bisschen und begann, in dem Gitterding hin- und herzulaufen, um meinen ausdrücklichen Protest gegen meine Käfighaltung zu unterstreichen. Das Ding war außerdem viel zu klein. Ich setzte mich hin und verspürte plötzlich eine große Sehnsucht nach meinen Geschwistern. Ihre warmen Körper, an die ich mich jetzt gerne gekuschelt hätte. Mama, Onkel Tom und Tante Pippa. Und Herrchen. Frauchen! Wo waren die? Ich wollte, dass die jetzt sofort zu mir kamen. Ich wollte nicht in diesem komischen Haus bei den Irren bleiben. Ich begann zu heulen. So laut ich konnte. Vielleicht kamen sie dann zu mir. Aber nichts passierte. Ich heulte schriller, weil lauter ging nicht mehr. Bestimmt hatten sie mich nur nicht gehört. Nichts. Ich heulte weiter und kratzte noch mal an den Gitterstäben, weil ich nicht wusste, was ich sonst tun sollte.

Plötzlich tauchte der Kopf der Tante neben dem Käfig auf.

„Holly, es ist alles gut“, versuchte sie, mich zu trösten.

Die war echt schwer von Kapee. Nix war gut. Ich wollte

Mama, Herrchen und Onkel Tom. Tante Pippa. Und Gelb, Blau, Pink und Lila. Und Orange. Und Braun. Und Grün. Schwarz! Ja, sogar Schwarz, dabei war der immer voll piefig mit dem Gummireifen im Garten gewesen und hatte den nie geteilt. Wo waren die alle? Ich heulte noch mal, so laut ich konnte.

„Holly, du schaffst das. Du bist jetzt zu Hause. Ich werde mich immer um dich kümmern. Ich bin doch da. Du bist ein ganz feines Hundemädchen", säuselte Tante derweil durch die Gitterstäbe.

Die hatte gut reden. Sie war frei, konnte sich aufs Sofa legen, rumlaufen, überall schnüffeln, wo sie wollte. Ich dagegen war eine von der Welt vergessene Gefangene. Kein Herrchen, keine Geschwister, keine Mama, kein Onkel Tom, keine Tante Pippa. Ich heulte weiter.

Die Gittertür ging trotzdem nicht auf. Meine Familie tauchte auch nicht auf. Dafür setzte sich die Tante vor die Gitterstäbe und streckte ihren Finger durch.

Was sollte das jetzt werden? Hänsel und Gretel für Hunde? Wahrscheinlich, die wollten mich schließlich fett füttern für den späteren Verzehr. Ich heulte weiter.

„Schau mal, Holly", begann die Tante. „Ich habe was für dich." Mit diesen Worten öffnete sie die Tür einen Spaltbreit und stopfte einen Lappen in mein Gefängnis.

Danke schön. Ich war ganz gerührt. Ein Stück Stoff gegen mein geballtes Welpen-Unglück. Und was sollte ich damit? Dachte die, ich sei so bescheuert wie sie selber und würde das Ding fressen und davon dick und rund werden? Heulen half zwar nix, war aber das Einzige, was ich in meiner Situation tun konnte. Also heulte ich weiter. Im gleichen Augenblick stieg mir ein Duft in die Nase, den ich kannte. Mama! Der Lappen roch nach Mama. Ich steckte meine schwarze Hundenase so tief in den Stofffetzen, wie es eben ging. Dann heulte ich so laut weiter, wie es eben ging. MAMA!

Obertante wurde derweil draußen unruhig.

„Holly, den Lappen haben wir extra mitgebracht, weil deine Mama da drauf gelegen hat, damit du dich nicht so einsam fühlst, wenn du sie riechen kannst."

Ja, danke schön. Ich möchte sie aber sehen, heulte ich mit aller mir zur Verfügung stehenden Welpenverzweiflung.

„Frauchen ist doch da", sagte die Tante als Nächstes bemüht ruhig zu mir.

Hallo? Wo war Frauchen denn bitte? Ich hörte kurz mit dem Heulen auf und sah mich um. Infame Lüge, da war kein Frauchen. Die war bei Herrchen irgendwo da draußen, wo auch der Rest der Familie war. Alle hatten mich verlassen. Ich heulte, dass es einem Nebelhorn angst und bange geworden wäre.

„Frauchen ist doch bei dir", trötete die Tante in Elefantenlautstärke, um mich zu übertönen.

MAMA!

„Frauchen ist doch da."

Die war wirklich noch blöder, als ich gedacht hatte. Oder hielt sie etwa mich für derartig schwachsinnig, dass ich ihr glaubte, Frauchen sei da, obwohl ich sie weder sehen noch riechen konnte?

Außerdem wollte ich MAMA!

„Was soll ich denn jetzt mit dir machen?" Die Frage klang irgendwas zwischen besorgt und ungeduldig.

Lass mich raus und bring mich zu Mama! Die Tante war echt nicht clever.

„Also gut." Die Gittertür ging auf.

Huch. Damit hatte ich nicht gerechnet. Aber egal, ich stürzte zum Ausgang, wurde aber selbstredend abgefangen und auf den

Arm genommen. Wenn die jetzt wieder mit mir in den Park ging, waren wir geschiedene Leute, so viel stand fest!

Doch sie ging mit mir zum Sofa, legte mich auf ihren Bauch und streichelte meinen Kopf. Das konnte sie echt gut, Kopf streicheln. Und ihr Bauch. Seufz. Weich, warm, kuschelig.

„Dann schläfst du eben bei Frauchen auf dem Sofa. Ist immerhin deine erste Nacht im neuen Zuhause, kleine Holly. Ab morgen kommst du aber nachts auf jeden Fall in deine Hundebox."

Mir dämmerte bei ihren Worten so einiges. Ich war wirklich Holly. Die Tante war Frauchen oder glaubte es zumindest. Vielleicht hatte sie eine Identitätskrise? Ich seufzte tief. Aber gut, damit konnte ich leben, sollte sie halt Frauchen sein. Die war zwar blöd wie ein Kauknochen, aber mit so einem warmen weichen Bauch konnte sie unmöglich ein schlechter Mensch sein. Wenn das mein neues Zuhause sein sollte, auch gut, hier konnte ich es vermutlich aushalten. Solange eins klar war. Ich würde nie wieder eine Nacht, einen Tag oder was auch immer in dieser blöden Box verbringen. Mir fielen Gott sei Dank die Augen zu, bevor ich Zeit hatte, darüber nachzudenken, ob sie mich nun eigentlich fressen würden oder nicht.

7.

Der nächste Tag begann, wie der vorherige aufgehört hatte: Ich hatte die Augen noch nicht ganz offen, schon wurde mir der Strick um den Hals gelegt. Neu-Frauchen trug mich auf dem Arm in den Mini-Park direkt vor dem Haus, setzte mich auf die kalte Erde und sah mich erwartungsvoll an. Ich ließ laufen, erntete einen Begeisterungssturm inklusive Leckerchen-Hagel. Plötzlich war das Leben ziemlich einfach. Pinkeln im Park. Ich war Holly, die Tante war Frauchen, ich hatte ein neues Zuhause und das Leben war schön.

„Und jetzt Kacki!“

Bitte?

„Kacki, Holly! Kacki machen.“

Zack, vorbei. Ich stürzte aus meinem kurzen Glücksrausch, dass alles wieder gut war, ungebremst zurück auf den harten Boden der Realität. Frauchen wollte wieder was von mir. Offenbar musste ich mich dafür bewegen, denn sie zog am Strick. In die falsche Richtung. Also, nicht zur Haustür, sondern raus aus dem Park auf die Straße. Instinktiv stemmte ich meine Pfoten in den

Boden. Das war mir mal wieder alles viel zu gefährlich. Was, wenn „Kacki" nur ein anderer Begriff für Kochtopf war, fielen mir meine früheren Befürchtungen im wahrsten Sinne des Wortes siedend heiß wieder ein.

„Holly, feines Kacki machen."

Oha! So viel hatte ich bereits mitbekommen: Wenn das Wort „fein" fiel, war das kein neuer Mensch oder eine Drohung, nein, ich sollte irgendwas machen. In diesem Fall „Kacki", was auch immer das nun war. Ich ergab mich in mein Schicksal. Nicht zuletzt, weil Frauchen immer fester am Strick zog, und mein Hals begann wehzutun.

Außerdem roch es sehr interessant, ich lief los, die Nase direkt über dem Boden. Aua. Der Strick stoppte mich nach wenigen Metern.

„Holly hier lang."

Okay, dann eben in die andere Richtung. Da roch es auch gut. Ich wackelte ein bisschen neben Frauchen her, spürte, wie es in meinem Hinterteil zu drücken begann und erledigte schnell mein Geschäft, damit wir weiterkamen. Es gab noch eine Menge zu schnüffeln und wir waren rekordverdächtige fünf Meter am Stück gelaufen, ohne dass Frauchen was von mir wollte. Man musste die Feste feiern, wie sie fielen.

„So ein feines tolles Kacki, Holly. Feines Kacki!" Frauchens Stimme überschlug sich fast vor Begeisterung und ein derartiger Leckerchen-Regen prasselte auf mich nieder, dass ich kurz überlegte, ob ich der glücklichste Hund der Welt war, weil meine neue Familie offenbar eine Feinkost-Hundefutter-Fabrik besaß.

Damit hatten wir also geklärt, was feines Kacki war. Wieder was gelernt: Diese Frau hatte echt einen an der Schüssel. Also, das hatte ich nicht gelernt, das wusste ich schon seit dem Vortag. Ich mein, Pipi und Kacki kamen von allein, aber die tat wirklich, als hätte ich Pipi und Kacki persönlich erfunden. Immerhin wusste ich jetzt, was das war.

8.

Es war der Moment, nachdem das letzte der Belohnungsbröckchen gegessen war, dass mir zum ersten Mal schwante, dass Pipi und Kacki nur der Anfang gewesen sein könnten. Ich kam nicht dazu, weiter nachzudenken, da Frauchen schon wieder am Strick zog und es in Richtung meiner neuen Heimat ging. Eigentlich hätte ich draußen gerne weitergeschnüffelt, aber gegen den Strick war ich machtlos. Das Ding ging mir allmählich echt auf die Nerven.

Als wir drinnen ankamen, waren die beiden jungen Frauchen auch wieder da und begrüßten mich überschwänglich.

„Holly! Oh, du bist so süß."

„Oh Holly, du süße kleine Maus."

„Du bist ja noch süßer als gestern."

So ging es an einem Stück. Nicht, dass mich das gestört hätte, im Gegenteil, ich bin an ihnen hochgesprungen, was vom großen Frauchen – ernsthaft, wie viel Spaßbremse konnte man sein? – sofort mit einem Stirnrunzeln quittiert wurde.

„Bringt ihr das bloß nicht bei", wies sie die beiden an.

Ich sag ja, nicht die hellste Birne am Kronleuchter. Was gab es da denn beizubringen? Hochspringen konnte ich perfekt. Quasi mein Markenzeichen. Vorsichtshalber setzte ich mich aber erst mal auf meinen Popo. Ich hatte nämlich ein ganz anderes, deutlich wichtigeres Problem. HUNGER! Und irgendwo roch es verdammt gut nach meinen geliebten Bröckchen. Ich hob den Kopf und schnupperte. Aha. Da wo Frauchen stand, war die Quelle. Sie bereitete also mein Futter zu. Die Gute. Ich mochte sie jetzt wirklich. Fast war ich ein wenig verliebt. Eine so schöne Frau. Und von Herzen gut. Immer freundlich. Und direkt an der Futterquelle. Mein Gefühlsüberschwang hielt einen ganzen kurzen Moment. Denn wie alles bei Frauchen lernte ich schnell, dass auch Fressen nicht einfach Fressen war.

„Sitz." Sie stand mit der Schüssel in der Hand neben mir und sah mich mal wieder an.

Hä?

„Sitz."

Hä?

„Sitz!"

Ich fand das jetzt wirklich übertrieben, wie sie mit dem Futter angab, die war schlimmer als mein Bruder „Blau", der seinen dicken Hintern vor dem Napf immer hin- und hergeschwenkt hatte, damit wir anderen bloß nicht rankamen.

„Vielleicht kann sie noch kein Sitz", schlug eins der jungen Frauchen vor und drückte mir mit der Hand auf den Po, worauf ich reflexartig mit Hochdrücken meines Allerwertesten reagierte.

„Nicht so!", tadelte das große Frauchen sofort.

„Wie denn?"

Das hätte ich auch gerne gewusst, ich hatte nämlich echt Schmacht und hätte für meine Bröckchen so ziemlich alles getan. Leider ließ die Auflösung des Rätsels auf sich warten.

„Um Himmels willen, wir haben vergessen, dass der Züchter gesagt hat, wir sollen sie immer in der Box füttern, damit sie die als positiven Ort empfindet."

Frauchen wirkte vollkommen verstört und ging mit meinem Futter weg.

Stopp!! Stoooooooopppp!!!!

Ich rannte hinter ihr her und beobachtete voller Entsetzen, wie sie sich bückte und meinen Napf in das blöde Gitterding stellte.

Ernsthaft? Was sollte das werden? In meinem Kopf fand ein kurzer, okay ein sehr kurzer Kampf statt. Nie wieder Box oder nie wieder Futter? War ich wirklich bereit, für meine Bröckchen alles zu tun? Für einen Hund gab es da nur eine Entscheidung. Ich zündete den Raketenantrieb und war so schnell hinter Gittern und hatte mein Maul voller Futter, dass meine Menschen noch auf die Stelle schauten, auf der ich gesessen hatte, während ich mit dem Fressen bereits fertig und wieder aus der Box raus war.

„Jetzt hat sie aber kein Sitz gemacht", merkte das junge Frauchen irritiert an.

„Sie muss halt noch viel lernen", brummte das Oberfrauchen. „Genau wie du, Frida!"

9.

Man könnte meinen, ein Hund habe in den ersten Tagen im neuen Zuhause alle Pfoten voll damit zu tun, sein Schicksal zu akzeptieren und die Menschen zu verstehen. In nicht wenigen Fällen kommt allerdings eine weitere Herausforderung auf das arme Tier zu: die anderen Mitglieder des Rudels. Und wir sprechen hier nicht von weiteren Menschen, dabei wären die theoretisch bereits Herausforderung genug. Nein, gemeint sind andere Vierbeiner, die dazu nicht selten auch noch einer anderen Spezies angehören. In meinem Fall wohnte in meinem neuen Zuhause neben den drei Frauchen ein dicker alter schwarzer Kater, der auf den Namen Edgar hörte.

Benannt worden war er nach Edgar Allan Poe, einem Verfasser düsterer, mysteriöser Geschichten. Einen besseren Namen hätte man für den Eddie nicht finden können. Denn nichts lag diesem alten Miesepeter ferner als das fröhliche, happy-go-lucky-Wesen eines Hundes oder im Speziellen eines Flatties, wie ich es war. Man könnte sagen, da prallten Welten aufeinander. Mir hatte natürlich mal wie-

der keiner ein Memo ins Körbchen gelegt, dass ich mein neues Zuhause mit einer Katze würde teilen müssen. Da war es nur ein kleiner Trost, dass ich sehr stark vermute, dass der Edgar von meiner plötzlichen Anwesenheit ebenfalls nicht in Kenntnis gesetzt worden war.

Nach dem Essen fühlte ich mich einfach nur wunderbar. Pappsatt und bereit zum Spielen. Frauchen steigerte sich derweil weiter in ihre Besessenheit hinein, mich mit dem Po auf die nasse Erde im Park vor dem Haus zu setzen. Ging so was als Hobby durch? Oder war ein Exorzismus notwendig?

„Gehen die Blumen im Vorgarten nicht kaputt, wenn sie da immer draufpinkelt?“, fragte Frida, die mit nach draußen gekommen war, während ich mir im wahrsten Sinne des Wortes den Hintern abfror. Aber klar, um die Blumen machten sie sich Sorgen, selber hatten sie wieder ihre superdicken Kuscheljacken an. Offensichtlich war es Winter und was die Blumen nannten, war braunes Gestrüpp, das jeglichen Lebenswillen verloren hatte. Im Gegensatz zu mir, ich bibberte und wollte ungern erfrieren.

„Was soll ich machen?“ Frauchen zuckte mit den Schultern. „Bis zur Straße ist es zu weit und in die Vorgärten der Nachbarn kann ich sie kaum machen lassen. Dann haben wir bald eine Menge Feinde, so ist das eben in einer Reihenhaussiedlung.“

Ich sah die beiden an. Die hatten Probleme. Ich bibberte noch ein bisschen stärker um Gnade.

„Pipi! Feines Pipi machen!“, forderte Frauchen mich auf. „Der Züchter hat gesagt, dass Welpen jedes Mal nach dem Aufwachen und nach dem Fressen pinkeln müssen“, klärte sie Frida und mich auf.

Gut zu wissen, dachte ich mir und ließ laufen. Ich musste zwar null, aber warum nicht und wenn der Züchter das sagte.

Ich war mittlerweile komplett abgestumpft, was die ganzen Namen anging und überlegte gar nicht mehr, wer wohl der Züchter war. Dieses Pipi ging immer. Es folgten der übliche Begeisterungssturm und Leckerchensegen, dann ging es endlich zurück ins Warme.

Wenn ich den nachfolgenden Bekundungen der beiden Frauchen glauben durfte, war ich übrigens ein Überfliegerhund, um nicht zu sagen ein Wunderhund, so schnell hatte ich das mit dem Pipi verstanden. Damit passten wir gut zusammen, fand ich. Die waren nicht so wirklich helle, ich dagegen sehr. Dream-Team, ich machte alles wett, was sie nicht hatten.

Im Haus drinnen war derweil etwas passiert. Keine Ahnung was, aber es roch ganz komisch, als wir wieder reinkamen. Ich lief aufgeregt, die Nase über dem Boden, hin und her und versuchte rauszukriegen, was da so roch.

„Ob sie den Eddie riecht?“, fragte Frida Frauchen.

„Keine Ahnung, der hat sich versteckt, seitdem Holly im Haus ist. Karla, weißt du, wo der Eddie ist?“, rief Frauchen laut.

„Keine Ahnung“, antwortete das zweite junge Frauchen von irgendwoher. Ich merkte mir am Rande, dass die dann wohl Karla hieß, und schnüffelte weiter.

Ich hatte schließlich eine ganz heiße Spur. Leider führte die direkt ins Gefängnis. Natürlich bemerkte ich das viel zu spät, schließlich war ich meiner Nase gefolgt und hatte überhaupt nicht darauf geachtet, wo ich hingelaufen war. Aufgehalten hatte mich selbstverständlich keiner. Super, oder? Es ging die ganze Zeit Holly hier, Holly da, Pipi machen, Kacki, dieses doofe Sitz und was weiß ich nicht alles. Aber wenn ich mitten in die Gefahr rannte, standen die nur da und guckten blöd. So wie jetzt.

In dem Gitterding saß nämlich ein riesiges schwarzes Ding und schaute so was von böse, dass ich lieber gleich mal einen

Satz zurückmachte. Das dicke Ding wurde derweil noch dicker, stellte sich hin und verbog den Rücken ganz komisch.

„Das ist der Eddie“, erklärte Frauchen mir.

Aha. Und was genau war ein Eddie? Eine aufblasbare Fellkugel mit Rückenschmerzen?

„Ich glaube, Holly hat noch nie eine Katze gesehen“, vermutete Frida. „Karla, komm schnell runter, Holly lernt den Eddie kennen“, brüllte sie unvermutet so laut los, dass das Eddie und ich zusammenzuckten. Vielleicht konnte das Ding mein Verbündeter gegen diese Irren werden?

Ich beschloss, mein Herz in die Hand zu nehmen, und wagte mich einen Schritt näher an das schwarze Ungetüm ran. Das roch verdammt interessant. Das Eddie riss allerdings das Maul auf, offenbarte dabei eine Menge sehr spitzer Zähne und fauchte mich an. Bisschen Mundgeruch hatte das Eddie. Roch nicht schlecht, aber roch, ich mein, das kann man mal erwähnen, oder?

„Mach dir nichts draus. Der Eddie ist ein dicker alter Kater, der ist eigentlich immer schlecht gelaunt“, versuchte Frauchen, mich zu beruhigen. „Du bist schon Eddies dritter Hund. Ihr werdet euch sicher anfreunden.“

Mooooment! Ich war Eddies dritter Hund? Und was war mit den beiden anderen passiert? Hatte er die gefressen? Mit seinen scharfen Zähnen durchbohrt, in sein Körbchen gezerrt oder im Garten vergraben? Mir wurde ganz anders. Das Ding war mindestens doppelt so groß wie ich. Sollte ich doch gefressen werden, aber nicht von den Menschen, sondern von dem schwarzen Monster da, das in der Gitterbox saß und auf mich wartete wie eine Spinne im Netz auf eine unschuldige Fliege? Und überhaupt, warum hatte der keine Angst vor dem blöden Gitterding? Eins war klar, ICH würde da nie wieder reingehen, schon gar nicht, nachdem dieses Ding da drin gewesen war. Außer zum Fressen vielleicht, da musste ich wohl flexibel bleiben.

Der Eddie war mittlerweile wieder deutlich dünner geworden, hatte sich hingesetzt und fixierte mich mit bösen grünen Augen. Und nun? Ich sah zu Frauchen, die aber ausnahmsweise mal kein Kommando für mich parat hatte. Typisch. Die ganze Zeit sollte ich machen, was sie wollte, aber im anstehenden Kampf auf Leben und Tod war ich mir selbst überlassen.

Ich tat das Einzige, was ein Hund in einer solchen Situation tun konnte. Ich bellte das fremde Ding an. Der Effekt war enorm. Eddie sah mich einen kurzen Moment lang erstaunt an, rannte dann mit einer für seine Körperfülle erstaunlichen Geschwindigkeit aus dem Käfig und verschwand hinter einer Tür. Das konnte nur eins heißen! Er wollte gejagt werden! Na dann mal Waidmannsheil. Der Rassebeschreibung nach war ich schließlich ein Jagdhund. Hatte ich das schon erwähnt? Nein? Gut, dann war jetzt auch keine Zeit dafür. Ich musste los. Ich rannte hinter dem Eddie her, kam aber nicht weit, da ich mit meinen Pfoten erst mal auf dem glatten Parkett ausrutschte und auf meinem Bauch landete.

„Sieh mal, wie süß!“, juchzte Karla, die mittlerweile angekommen war, um nichts von dem Schauspiel zu verpassen.

Dumm wie die Kauknochen, aber sensationslüstern und schadenfroh, das haben wir gerne, dachte ich wütend, während ich mich hochrappelte und die Verfolgung von Eddie an den drei Gaffern vorbei wieder aufnahm.

Ich wurde jedoch erneut jäh gestoppt. Vor mir tat sich ein Abgrund auf, wie es ihn auch im Haus bei meinem Ex-Herrchen gegeben hatte. Und wenn ich eins von Onkel Tom gelernt hatte, dann, dass man sich niemals, aber wirklich niemals, ohne dass Herrchen sein Okay gegeben hatte, in den Abgrund stürzte.

„Dann wird er fuchsteufelswild", hatte Onkel Tom uns mit wichtiger Miene gewarnt.

„Wie süß, Holly hat Angst vor der Treppe", rief Frida, während ich trotz einer Vollbremsung eben diese, auch bekannt als der Abgrund, fast hinuntergestürzt wäre.

„Oder vorm Eddie", grinste Karla. „Ich habe manchmal Angst vor Eddie."

Aha, die hatten selber Angst vor dem schwarzen Monster, mich hätten sie aber in die Höhle des Löwen laufen lassen. Denn das war wohl, was sich unten im Abgrund verbarg: Eddies Höhle, in der er die Kadaver meiner zwei Hundevorgänger mit seinen scharfen Zähnen bewachte.

Ich hob meine Nase und schnüffelte in den Abgrund. Ganz eindeutig, da unten hauste das Viech, so streng roch es von dort nach ihm.

„Lass dem Edgar mal sein Kellerreich", befahl Frauchen und nahm mich hoch. „Der wird schon hochkommen und mit dir Freundschaft schließen, wenn er so weit ist."

„Wenn *er* so weit ist?" Hatte ich hier überhaupt nichts mitzureden? Das mit der Freundschaft sah ich nicht passieren. Überhaupt sah ich gar nichts mehr. Ich war plötzlich unglaublich müde, meine Augen fielen zu, der Kopf knickte weg und ich schlief auf Frauchens Arm ein.

10.

Erziehung. Für Frauchen eine Art Zauberwort, bei dem sie sofort rote Bäckchen vor Aufregung und Anstrengung kriegte, kein Wunder neben ihrem süßen Hundewelpen, also mir, muss sie zwei pubertierende Mädchen erziehen. Für Karla, Frida und mich war Erziehung ebenfalls ein Zauberwort, aber eher im negativen Sinne, denn Frauchens Katalog an Regeln, die es zu lernen und zu befolgen galt, schien schier unendlich. Der Einzige, der irgendwie fein raus war, war der Eddie. Der konnte nichts, machte keinerlei Anstalten irgendetwas zu lernen und bekam trotzdem ständig was zu fressen, da Frauchen kapituliert hatte, was ihn anging. Umso emsiger war sie in Sachen Erziehung der drei Lebewesen, bei denen sie noch Hoffnung hatte.

In meinem konkreten Fall bedeutete dies, dass Frauchen neben ihren praktischen Erziehungswerkzeugen wie Box und Leine das gesammelte theoretische Wissen des Züchters und einer Regalreihe Hundeerziehungsbücher aufgesogen hatte wie ein trockener Schwamm das Wasser. Insbesondere die Regeln des Züchters waren für sie wie das Rettungsboot für die Ertrinkenden der Titanic. Und genau da lag das Problem. Niemand ertrank, weder sie noch ich oder sonst wer. Eigentlich war alles ganz gechillt. Trotzdem, die Erziehungsgebote des Züchters waren goldenes Gesetz, egal, wie schwer sie uns das Leben machten. Und das taten sie, das dürfen Sie mir glauben.

In den nächsten Tagen und Wochen lernte ich mein neues Zuhause besser kennen. Also den mittleren Teil. Der Keller, von mir die Katzenhölle getauft, war Tabuzone, ebenso eine weitere Treppe, die nach oben führte. Sie ahnen es, der Züchter hatte verfügt, dass kleine Hunde keine Treppen steigen sollten. Entsprechend heulte einer meiner menschlichen Mitbewohner auf wie ein Feuermelder und alarmierte den gesamten Stadtteil, sobald ich mich auch nur in die Nähe einer Treppe begab. Mir war es recht, in Wohnzimmer, Küche und Flur, auf die mein Welpendasein begrenzt war, gab es genug zu schnüffeln. Und zu erleben.

Es wurde in den ersten Tagen ebenfalls schnell klar, dass Neu-Frauchen die Beste von allen war. Erstens bereitete sie mir morgens, mittags und abends mein Futter zu, zweitens streichelte sie mich ständig, drittens ging sie mit mir nach draußen, viertens spielte sie mit mir, fünftens schlief ich auf ihrem Schoß und überhaupt war sie immer da.

Die beiden jüngeren Frauchen dagegen verschwanden morgens mit schlechter Laune aus dem Haus und kamen erst nach vielen Stunden schimpfend wieder. Das, was sie in der Zwischenzeit machten, nannte man Schule, so hatte ich es zumindest den Gesprächen am Frühstückstisch entnommen. Schule musste etwas ganz Furchtbares sein, so viel stand für mich fest, denn zu Hause waren Frida und Karla durchaus fröhlich und freundlich. Entsprechend erschreckte ich mich ungefähr zu Tode, als Frauchen das erste Mal das Wort „Hundeschule“ fallen ließ, aber ich will nicht vorgreifen, wir waren bei meinen beiden jungen Frauchen.

Das Menschen-Frühstück, das vor der Schule eingenommen wurde, war für diese mindestens so furchtbar wie Schule. Von meinem Körbchen aus beobachtete ich jeden Morgen aufs Neue fasziniert jenes merkwürdige Ritual, das meine Menschen offenbar nur durchführten, um sich gegenseitig schlecht gelaunt anmeckern zu können. Es war offensichtlich, dass keiner Lust darauf hatte, Hunger schien auch keiner zu haben. Wie dies möglich war, wollte allerdings nicht in meinen kleinen Hundekopf gehen. Ich hatte immer Hunger und wenn es etwas zu fressen gab, sah ich zu, dass ich es hinunterschlang. Man wusste schließlich nie, was der Tag bringen würde und ob am Abend wirklich noch Bröckchen im Haus vorrätig sein würden.

Karla und Frida dagegen schoben die Näpfe, die Frauchen ihnen hinstellte, stets mit angeekelten Gesichtern weg. Mein dezentes Pfötchenheben, dass ich gewillt war, mich um die Reste zu kümmern, bemerkten meine Menschen in ihrer schlechten Laune nicht.

„Ich hasse Vollkornbrot, hast du keinen weißen Toast? Irgendwas ohne diese ewigen Körner?“, war das morgendliche Standardgemaule der Mädchen.

„Nein, habe ich nicht. Denn wenn man sich im Alter von vierzehn und sechzehn Jahren noch das Frühstück von Mama machen lässt, dann muss man eben essen, worauf Mama Bock hat“, muffelte Frauchen zurück.

Meine Überlegung, ob diese Aussage bedeutete, dass ich mir mein Frühstück demnächst auch selber machen sollte und wie genau ich das anstellen würde, wurde durch einen spitzen Schrei von Frida unterbrochen.

„Ich habe heute Sport. Ich hasse Sport. Mama! Kann ich zu

Hause bleiben?“

„Eher gefriert die Hölle über.“

Die Hölle gefror über? War das nicht, wo der Eddie hauste, wunderte ich mich. Machte Sinn, ich hatte das Vieh seit unserer ersten und einzigen Begegnung nicht mehr gesehen, obwohl es manchmal verdächtig nach ihm roch im Wohnzimmer, wenn wir von unseren Spaziergängen zurückkamen. Von mir aus konnte der Eddie da unten gerne Gefrierbrand bekommen. Ein Problem weniger.

„Keiner geht zu Sport, Mama. Alle anderen Eltern sind cooler als du und schreiben ihren Kindern Entschuldigungen.“

Frida hatte da einen Punkt mit dem Nicht-cool-Sein, Frauchen konnte in der Tat recht engstirnig sein, wenn es um ihre Erziehungsregeln ging.

„Warum hast du das nicht gleich gesagt, Engelchen? Dann schreibe ich dir natürlich auch eine.“ Frauchens Stimme hatte bei ihren Worten diesen Klang des Verderbens, dass sogar ich merkte, dass sie das nicht ernst gemeint haben konnte.

„Echt, Mama? Du bist doch die Beste.“

Das fand ich auch. Ich sah Frauchen verliebt an, die mich allerdings ignorierte, da sie zu beschäftigt war, Frida anzupoltern.

„Natürlich schreibe ich dir keine Entschuldigung, Kind! Du springst auch nicht vom Hochhaus, nur weil alle anderen das machen. Du gehst zur Schule und zum Sport. Punkt!“ Frauchen grinste diabolisch. „Außerdem wollen wir nicht riskieren, dass der arme Sportlehrer ganz umsonst in die Schule kommt, wenn *alle* anderen fehlen, sollst wenigstens du mitturnen. Kriegst du sicher eine gute Note und wenn ich an dein letztes Zeugnis denke, müssen wir nehmen, was kommt und wenn es nur eine Zwei in Sport ist.“

Es folgte eine Reihe gemurmelter Verwünschungen von Fridas Seite, die ich, da mein Körbchen neben Fridas Stuhl stand, gut hören konnte. Und bei denen ich ernsthaft Angst bekam, dass sie gleich eine Knarre rausziehen und uns alle über den Haufen ballern würde.

Frauchen dagegen kannte keine Furcht, nicht mal vor ihrer pubertierenden Tochter. Im Gegenteil, trotz aller Verwünschungen küsste sie sie auf die Stirn zum Abschied.

„Iiiieh. Mama. Wie peinlich ist das denn?"

Dann verschwanden Frida und Karla meckernd und schwer beladen mit diversen Taschen.

11.

Frauchen und ich waren allein. Sie konnte sich ganz auf mich konzentrieren. Ich war im Himmel gelandet. War ich im Himmel gelandet? Natürlich nicht! Meine Hundemama war eher der wortkarge Typ gewesen und hatte uns außer ihrer Milch nicht wirklich viel für unser künftiges Leben mitgegeben. Doch an den Tagen, die ich allein mit Neu-Frauchen verbrachte, lernte ich, dass sie uns die einzige essenziell wichtige Lektion durchaus mit auf den Weg gegeben hatte.

„Menschen sind komisch“, hatte Mama eines Morgens zu uns gesagt, als wir alle genüsslich an ihren Zitzen hingen und tranken. „Wenn ihr das im Hinterkopf behaltet, dann werdet ihr es weit bringen in euren Familien.“

Damals hatten ihre Worte überhaupt keinen Sinn gemacht, wir hatten nicht mal verstanden, was sie mit „euren Familien“ gemeint hatte. Naiv wie wir waren, hatten wir schließlich geglaubt, für immer bei ihr, Herrchen, Alt-Frauchen, Tante Pippa und Onkel Tom zu bleiben.

Aber ich schweife ab, zurück zum Thema: Menschen waren komisch. Meine Menschen waren sogar nicht nur komisch, das war ein Rudel Verrückter, das von Neu-Frauchen unter dem Codewort „Erziehung“ zielstrebig angeführt wurde. Ich als neuestes Rudelmitglied stand selbstverständlich im Fokus ihrer Bemühungen. Immer.

Wenn sie mich fütterte, fütterte sie mich nicht einfach. Nein, es wurde zunächst ein riesiges Rambazamba mit Sitz und Bleib veranstaltet, dann fiel ihr ein, dass sie mich im Gitterding füttern sollte. Schließlich hatte das der Züchter so verfügt und der war, wie Sie bereits wissen, *die* Institution in Sachen Hundeausbildung. Wir gingen also zurück auf Start, ich fraß keine Bröckchen, sondern ging direkt ins Gefängnis, wo das Sitz-Bleib-Spiel von Neuem begann.

Nachdem ich das Fütterungsmonopoly ein paar Mal mitgespielt hatte, wurde es mir zu dumm. Während Frauchen in meinem Napf rumpanschte, als würde sie einen magischen Zaubertrunk, der alle Krankheiten dieser Welt heilen konnte, und nicht simples Hundefutter zubereiten, lief ich schon mal in meine Box. Dort setzte ich mich auf meinen schwarzen Hundepopo, wartete, bis sie mir den Napf vor die Nase stellte, und legte erst los, nachdem sie ihre gnädigste Erlaubnis gegeben hatte.

Das Leben konnte so einfach sein. Als positiver Nebeneffekt wurde mein Status als Wunderhund verfestigt und die Geschichte, wie ich quasi von allein das Futter-Ritual gelernt hatte, wurde von nun an jedem erzählt, der sie hören wollte oder auch nicht. Ich befürchte, Letztere waren in der Überzahl, das war Frauchen aber herzlich egal.

Auch das Raus- oder wie ich gelernt hatte, das Gassigehen war mit Frauchen keine einfache Sache. Mit ihrer Obsession für feines Pipi und feines Kacki war es wie befürchtet lange nicht getan gewesen. Zum einen bestand sie darauf, dass ich den Strick, von ihr unverfänglich Leine genannt, draußen ständig trug. Extrem störend – für mich. Ich war nämlich irgendwie immer am falschen Ende, wenn ich zog, passierte gar nichts. Wenn sie zog, flog ich fast durch die Luft in ihre Richtung. Ich hatte noch keine Ahnung, dass dieses Ungleichgewicht sich schon bald ändern würde – zu meinen Gunsten.

Für den Moment grenzte die Strickleine jedenfalls meinen Bewegungsradius unglaublich ein. Dabei gab es da draußen so viel zu entdecken. Zum Beispiel Blätter.

Blätter waren etwas ganz Wunderbares. Das fing schon damit an, dass sie einfach überall rumlagen, als hätte eine gute Fee Hundespielzeug verstreut. Blätter lagen aber nicht nur rum, sie konnten fliegen. Echte Wunderdinger, diese Blätter. Man konnte hinter ihnen herjagen und sie ins Maul nehmen. Blätter raschelten. Blätter waren toll. Verstand Frauchen natürlich null.

„Holly, lass das blöde Blatt da liegen", ging es in einer Tour, kaum waren wir draußen.

Als hätte ich was dafürgekonnt, dass Hund ganz unschuldig durch die Gegend lief und plötzlich aus dem Nichts ein Blatt an ihm vorbeiflog. Und dann noch eins. Und noch eins. Am Anfang war ich tatsächlich so naiv gewesen zu glauben, gleich käme „feines Blatti, ganz feines Blatti", wenn ich eins erwischt hatte. Die Idee schminkte ich mir schnell wieder ab.

„Holly! Keine Blätter!", war der permanente Kampfschrei von Frauchen.

Ich guckte jedes Mal unschuldig, ließ mir das Blatt von ihr aus dem Maul ziehen, seufzte innerlich so tief, wie nur ein enttäuschter Blattjäger seufzen konnte, und ging mit hängendem Kopf weiter.

Doch da! Noch ein Blatt. Es konnte nur ein Wink des Schicksals sein, dass genau in diesem Moment dieses Blatt neben mir entlangflog. Und das Schicksal winkte ganz eindeutig: Holly, fang das Blatt. Mein Jagdtrieb setzte sofort ein, alle Ermahnungen waren vergessen und ich rannte los. Ich meine, mal ehrlich, es war immerhin gut möglich, dass es das schönste Blatt aller Zeiten war, das da gerade an mir vorbeigeflogen war. Das konnte ich mir nicht entgehen lassen. Schon gar nicht, wenn das Schicksal seine Finger im Spiel hatte. Das musste Frauchen einfach verstehen. Erziehung hin oder her.

„Holly! Stopp. Du erwürgst dich gleich, Hund!"

Ich merkte im gleichen Moment, dass ich kaum Luft bekam, so sehr schnürte der Strick mir die Kehle zu.

Auf Nimmerwiedersehen wundervolles Blatt, geliebter Freund. Ich ließ den Kopf herunterhängen, was Frauchen geschickt ignorierte.

„Feine Holly."

Geknickte, blattlose, feine Holly meinte sie wohl. Mitgefühl war nicht ihre Stärke.

Ein blattloses Leben hätte ich wahrscheinlich ertragen, wenn es denn dabei geblieben wäre. Blieb es aber nicht. Frauchen wollte mehr. Viel mehr. Nur leider hatte ich keinen blassen Schimmer, was sie mehr wollte. Na gut, natürlich wusste ich ziemlich genau, was sie von mir wollte, ich war schließlich Super-Holly, ich fand es nur ganz schlicht und ergreifend blöd. Dieses vollkommen irre Frauchen wollte tatsächlich, dass ich bei Fuß ging! Also neben ihr! Ich! Ohne Ziehen, ohne in alle Richtungen rennen, am besten ohne schnüffeln. Unter dem Deckmäntelchen der Hundeerziehung wollte sie Spaß und Freude aus meinem Leben verbannen!

Man darf mich nicht falsch verstehen, also ich liebte diese Frau mittlerweile wirklich abgöttisch und hätte alles für sie getan, aber in meiner Hundebrust schlugen zwei Herzen: eins für Frauchen und eins für die Freiheit. Das für die Freiheit schlug eindeutig schneller, lauter, heftiger. Vor allem wenn ich aufgeregt war. Und aufgeregt war ich eigentlich immer, wenn wir vor die Tür traten. Es gab so viel zu sehen, zu hören, zu schnüffeln, zu fangen. Nicht nur Blätter. Blätter waren nur der Anfang. Und dann ging das freie Herz mit mir durch, das Frauchenherz stellte den Betrieb ein und ich rannte los.

Man muss Frauchen natürlich lassen, dass sie nicht einfach erwartete, dass ich neben ihr lief. Sie arbeitete mit Tricks. Raffinierten Tricks. Sie hielt mir köstliche Leckerchen – „das teuerste vom Teuren, es soll der kleinen Maus ja Spaß machen, hat der Züchter gesagt“ – unter die Nase, zog den Strick an und sagte: „Fuß.“ Dann ging sie los, der Duft der Versuchung direkt vor meinem Maul und ich lief brav neben ihr her. Schwupps flog das Leckerchen begleitet von einem „feine Holly“ in mein Maul.

Und das war das Problem. Die Sollbruchstelle sozusagen. Sobald ich das Leckerchen runtergeschluckt hatte, begann das freie Herz so schnell zu schlagen, dass ich rechts oder links abbog, die Nase dicht über der Erde, Frauchen war vergessen. Dem freien Herz war es auch vollkommen egal, wie eng der Strick sich um meinen Hals zog, es zog weiter. Gott sei Dank war Frauchen noch nicht so weit, sprich so sauer auf mich, dass sie zuließ, dass ich mich selber erwürgte. Sie ging hinter mir her, holte ein neues Leckerchen und wir begannen unser kleines Spiel von vorn. Das Frauchenherz folgte brav dem Leckerchen und in der Sekunde, in der es verspeist war, übernahm das freie Herz wieder. So ging es stundenlang. Gefühlt. In Wahrheit waren wir wohl nur ein paar Minuten unterwegs, da der Züchter angeordnet hatte, dass kleine Hunde wie ich höchstens fünf bis zehn Minuten am Stück spazieren gehen durften. Und das Wort des Züchters war bekanntlich Gesetz. Selbstverständlich war auch er es gewesen, der Frauchen den Floh ins Ohr gesetzt hatte, dass man mit der Hundeerziehung gar nicht früh genug anfangen konnte.

Es waren für Frauchen und für mich lange fünf Minuten. Jedes Mal. Nie gab es einen Gewinner. Auch nie einen Verlierer. Wir gingen am Ende beide nach Hause und während ich einfach nur müde war, murmelte Frauchen: „Das kriegen wir schon hin, Holly."

Zum Glück war ich zu müde, ihr zu widersprechen. Das freie Herz auch. Das tat einen ordentlichen Hüpfer, während sich das Frauchenherz mit einem liebevollen Blick an Frauchen kuschelte und einschlief.

12.

Eines der größten Missverständnisse zwischen Menschen und Hunden ist die Sache mit dem Alleinsein. Dabei ist den Vertretern beider Spezies eins von Anfang an klar: Hunde sind Rudeltiere. Extrem anpassungsfähige Rudeltiere, so sind wir schließlich zu den besten Freunden der Menschen geworden. Steht nicht nur in jedem der Ratgeber, die Frauchen auswendig kann, hat sogar – Achtung, Trommelwirbel – der Züchter bestätigt.

Wir werden meist als Welpen, manchmal auch später, in ein vollkommen artfremdes Menschenrudel gesetzt und was machen wir? Wir passen uns an, was so weit geht, dass nicht wenige Menschen denken, dass ihr Hund eigentlich ein Mensch ist. Was wir irgendwie auch sind, ich gehe sogar so weit zu sagen, wir sind die besseren Menschen, weil wir nicht die ganze Zeit plappern, aber das ist ein anderes Thema. Das Wort Rudel sagt allerdings etwas aus, etwas, das uns selbstverständlich auf jeden Fall ausgetrieben werden muss. Wir sollen lernen, allein zu sein. Ohne unser Rudel. Nur warum? Gibt es nicht sogar den Begriff „einsamer Wolf“ und sind das nicht merkwürdige

Einzelgänger, Eigenbrötler, Sonderlinge? Ich muss gestehen, die Sache mit dem Alleinsein war für mich die größte Herausforderung im Zusammenleben mit meinem Menschenrudel. Selbstverständlich meisterte ich auch das irgendwann – um immer genau dann alleine und verlassen zu Hause zu bleiben, wenn Frauchen sich mit anderen Menschen traf. Fällt Ihnen was auf?

Hatte ich schon erwähnt, wie sehr ich mein neues Frauchen schon nach kurzer Zeit liebte? Egal, wie komisch sie sein konnte, egal, welche Macken sie hatte und – viel schlimmer – mit Sicherheit noch entwickeln würde, meine Liebe zu ihr wurde jeden Tag größer. Sobald wir im Haus waren, schlug mein Frauchenherz so stark, dass ich glatt vergaß, dass ich überhaupt ein freies Herz hatte. Ich lief auf Schritt und Tritt neben Frauchen her, folgte ihr überall hin. Wir waren ein Team, eine Einheit, die perfekte Symbiose aus Mensch und Hund, unzertrennbar.

Während Karla und Frida mich bereits „Mamas schwarzen Schatten“ nannten, schlug Frauchen gelegentlich freundlich, aber auch irgendwie vorwurfsvoll vor, ob ich draußen an der Leine nicht vielleicht ebenso brav neben ihr gehen könne wie im Haus. Ich sah sie bei diesen Gelegenheiten mit meinem besten „Ich bin nur ein kleiner Welpe und habe keine Ahnung, was du von mir willst“-Blick an und sie schmolz dahin. Denn das war das Allerbeste an Frauchen: Sie liebte mich auch.

„Meine süße, süße, süße kleine Holly“, pflegte sie bei diesen Gelegenheiten mit hoher Quietschstimme zu sagen und nahm mich auf den Arm. Mein Lieblingsplatz. Nach Schoß und Bauch. Ich schleckte Frauchen übers Gesicht und wir waren beide überglücklich. Anders waren ihre Worte „Oh Holly, nicht schlecken und schon gar nicht im Gesicht“ nicht zu deuten, oder?

Ich denke, es muss einige wenige Wochen, nachdem ich bei

meiner neuen Familie eingezogen war, gewesen sein, als Team „Frolly" – Frauchen und Holly – die ersten Risse bekam. Und das, obwohl Frauchen ihre vollkommen absurde Idee, ich solle in dem Gitterding schlafen, nach zwei Nächten aufgegeben hatte. Zwei Nächte, die sie auf der Erde liegend auf der einen Seite der Stäbe verbracht hatte, ich heulend, hechelnd und hin- und herlaufend auf der anderen. Ich schlief diese Nächte so tief wie gemütlich auf ihrem Bauch auf dem Sofa.

Offiziell schlief ich natürlich weiter im Gefängnis. Jeden Morgen, wenn sich durch Gemecker oder laute Musik ankündigte, dass die Pubertiere Frida und Karla im nächsten Moment nach unten kommen würden, wurde ich schnell in die Gitterbox gesetzt, mir ein Leckerchen ins Maul gestopft und Frauchen tat, als hätte ich mein Gefängnis nie verlassen. Als guter Teamplayer setzte ich mein bestes Pokerface auf – nachdem ich das Leckerchen verschlungen hatte – und verriet nichts. War auch nicht nötig.

„Mama, hast du was am Rücken, du gehst so komisch", fragte Frida zum Beispiel gerne und grinste dabei gehässig.

„Könnte das etwa sein, weil du die ganze Nacht einen Hundewelpen auf dem Bauch hattest und dich nicht getraut hast, dich zu bewegen, damit der süße kleine Holly-Schatz nicht aufwacht." Frida klimperte mit den Augen und strahlte ihre Mutter an.

Ich sah von Frida zu Frauchen, Pokerface on natürlich, und wartete auf den Gegenschlag.

„Quatsch! Der Hund schläft in der Box, wie es sich gehört. Sie sitzt da immer noch drin, siehst du doch!" Frauchen schüttelte den Kopf so stark, dass ich Angst hatte, dass er aus der Halterung fliegen könnte, während Frida und Karla schadenfroh kicherten.

„Klar, Mama, ganz klar. Und warum genau habe ich den Hund heute Nacht auf deinem Bauch gesehen, als ich in der Küche war und mir ein Glas Wasser geholt habe?" Karla schaute unschuldig, den Blick musste sie sich von mir abgeschaut haben. „Ein Wachhund wird die nicht. Die hat richtig geschnarcht."

Ich? Schnarchen? Blöde Kuh.

„Das hast du geträumt", widersprach Frauchen mit ernster Stimme. „Was hattest du noch mal in deiner letzten Mathearbeit?"

Ich werde wohl nie wissen, ob es die gehässigen Kommentare der Mädchen oder die Tatsache war, dass ich nicht so klein blieb, wie ich war, auf jeden Fall neigten sich die besten Zeiten von Team Frolly rasant ihrem Ende zu.

Es begann alles harmlos genug an einem Morgen, nachdem Frida und Karla obligatorisch schlecht gelaunt zur Schule aufgebrochen waren. Frauchen sah mich lange an, nahm mich auf den Arm, kuschelte mich, setzte mich wieder auf die Erde, drehte sich um und ging weg. Ich natürlich hinterher. Was sonst? Und dann tat mein Ein und Alles, mein Herzensmensch, mein Sonnenstrahl, die Essenz meines Welpenlebens etwas ganz Furchtbares: Sie ging auf die Toilette und machte die Tür hinter sich zu! Vor meiner Nase! Bevor ich drin war.

Das hatte sie noch nie getan. Ich stand vollkommen perplex vor der verschlossenen Tür. Bislang war es absolut klar gewesen, dass ich mit ihr auf die Toilette ging und zärtlich an ihrem Knie schleckte, während sie tat, was auch immer sie tun musste.

Was sollte das denn jetzt wieder? Sie schaute mir auch bei meinen Geschäften zu! Frauchen hob die sogar hinterher auf. Man stelle sich mal vor, ich wäre nur auf die Idee gekommen, in die Toilette zu gucken, was da abgegangen wäre. Okay, natürlich hatte ich mal in die Toilette geguckt und vielleicht auch bisschen von dem Wasser geschleckt und weiß ziemlich genau, was im Anschluss abgegangen ist. Die Luzie. Man könnte auch sagen, der Teufel war los oder die Hölle ist überfroren. Schön war es jedenfalls nicht. War fast noch schlimmer als das eine Mal, als ich das Toilettenpapier abgerollt und wie eine kilometerlange Brautschleppe hinter mir durchs Haus gezogen hatte. Aus genau diesen Gründen war ich besonders vorsichtig geworden, wenn es um die Toilette ging, was es noch unverständlicher machte, dass ich da plötzlich nicht mehr mit rein durfte. Ich war schließlich so etwas wie ein Toiletten-Engel.

Ich setzte mich fassungslos hin und spürte, wie ein unbeschreiblicher Schmerz mein Frauchenherz zusammenschnürte. Sie war weg und es gab keinerlei Sicherheit, dass sie jemals wiederkommen würde. Die Tür war keine Tür. Das war eine undurchdringliche Wand, auf deren anderer Seite sich das Einzige befand, was ich liebte, was meinem Leben einen Sinn gab. Also, das Einzige außer Futter. Aber da schloss sich der Kreis, Frauchen war neben der Tatsache, dass sie die Liebe meines Lebens war, auch die Herrscherin über meine Futterbox. Ich war im Begriff alles, wirklich alles zu verlieren. Ich begann zu weinen. Mein Kummer war nicht mit Worten zu beschreiben.

Frauchen. Frauchen! Frauuuuuuchen!!

Nichts geschah.

Frauuuuuuchen!!

Ich stand auf und kratzte mit meinen Pfoten an der Tür. Nichts.

Frauuuuauauauauchen!!!

Vielleicht war sie schon tot? Bestimmt war sie tot. Ich würde mein geliebtes Frauchen niemals wiedersehen. Ich war vollkommen allein auf der Welt. Ich kratzte, weinte und bellte nun gleichzeitig. Vielleicht konnte ich sie von den Toten erwecken?

Wie durch ein Wunder ging die Tür plötzlich auf und Frauchen stand vor mir. Sie lebte! Ich hatte es getan! Ich hatte sie auferstehen lassen! Meine Freude kannte so wenig Grenzen wie vor wenigen Sekunden noch mein Kummer. Ich sprang an ihr hoch, während sie mich irgendwie komisch ansah.

„Holly, du musst nicht springen wie ein Flummi auf Drogen, ich war lediglich zwei Minuten auf der Toilette, was soll das Theater?"

Das waren mindestens zwei Stunden und ich dachte, du wärst tot, das sollte das Theater!

Frauchen nahm mich auf den Arm und ich drückte mich, so fest es irgendwie ging, an sie. So viel stand fest, wir durften uns nie wieder trennen, noch mal würde *ich* das nicht überleben. Und ich war mir nicht sicher, ob Frauchen mich auch von den Toten würde zurückholen können.

„Holly-Mausi, du musst langsam lernen, dass Frauchen nicht immer bei dir sein kann. Wir üben das ab jetzt. Irgendwann muss ich mal einkaufen gehen. Oder in Ruhe duschen. Oder zur Arbeit gehen."

Was soll ich sagen, der Plan war wie üblich nicht mit mir abgesprochen und ich sah das ganz anders. Natürlich konnten wir immer zusammen sein. Wir waren schließlich Team „Frolly"!

Wie nicht anders zu erwarten, begann Frauchen sofort mit der Durchführung ihrer neuen fixen Idee: Holly allein zu Hause. Wie ebenfalls nicht anders zu erwarten, ging sie dabei streng nach Züchtervorgaben vor. Die involvierten leider das Gefängnis, mein absolutes No-Go.

Hatte ich erwähnt, wie sehr ich diese Frau liebte? Ja? Aber ich hatte nicht erwähnt, dass sie trotzdem einen an der Waffel hatte, oder? Doch? Hatte ich schon? Egal. Mal ganz ehrlich, wie kam sie auf die Idee, dass ich tagsüber brav in dem Gitterding bleiben würde, wenn ich es nachts nicht tat? Auch die Tatsache, dass ich bei jeder Fütterung, die weiterhin zuverlässig in dem blöden Ding stattfanden, sorgsam darauf bedacht war, mindestens eine Pfote und/oder meinen Schwanz außerhalb der Stäbe zu lassen, um so meinen Fluchtweg zu sichern. Das schien ihr entgangen zu sein. Auch dass ich mich morgens nur einsperren ließ, um ihr die Scham vor den eigenen Kindern zu ersparen, dass sie sich von einem kleinen Hund austricksen ließ, das alles schien sie nicht wahrgenommen zu haben. Ich fand das schon recht undankbar, wurde aber wie gewöhnlich nicht nach meiner Meinung gefragt.

Ebenfalls wie gewöhnlich arbeitete Frauchen mit Tricks. Sprich Leckerchen.

„Wir üben jetzt das Alleinsein. Und zwar sofort.“ Der Toilettensitz war wahrscheinlich noch warm und die Frau bereits auf einer Mission. Ich lief natürlich trotzdem brav hinter ihr her, kam allerdings vor der Gitterbox zum Stehen.

Frauchen warf eine Kaustange umwickelt mit Hühnerbrust auf den Gefängnisboden und sah mich erwartungsvoll an. Ich sah erwartungsvoll zurück. Immer noch unsere beste Übung. Keine zehn Pferde brachten mich da rein. Es war vollkommen klar, dass das nur ein Hinterhalt sein konnte. Kaustange hin oder her.

„Feines Leckerchen, Holly, schau mal, so ein feines Leckerchen liegt da.“

Niemandem war klarer als mir, dass da etwas verdammt Feines lag, der Geruch war längst in meine Nase gezogen und es kostete mich viel Kraft, nicht in die Box zu laufen.

„Mmmh.“ Frauchen hielt mir eine weitere Kaustange direkt unter die Nase, um sie in dem Moment, in dem ich zuschnappen wollte, in die Box zu werfen.

Was für ein schäbiger Trick! Das hätte ich nicht von ihr gedacht. Zwei Kaustangen mit Hühnerbrust, mir brach das Herz. Ich versuchte, die Luft anzuhalten, was natürlich nicht lange ging. Es roch mittlerweile so gut, wie es noch nie in meinem Leben gerochen hatte. Ich setzte vorsichtig eine Pfote nach vorne. Was konnte mir schon Schlimmes in der Box passieren? Außerdem war ich am Verhungern. Und fürs Fressen ging ich schließlich auch da rein. Ich war allerdings etwas gekränkt, dass sie mich offenbar für dumm genug hielt, nicht zu merken, was für einen abscheulichen Plan sie ausgeheckt hatte.

„Schau mal die leckere Kaustange. Mit Hühnerbrust, das sind deine Lieblinge."

Was wohl eine Aufmunterung sein sollte, klang für mich wie eine Drohung, ich zog die Pfote wieder zurück. Es war plötzlich alles vollkommen klar! Frauchen wollte mich für immer verlassen, und damit sie ungestört wegkam, wollte sie mich vorher im Gefängnis einsperren. Ich begann leise zu weinen. Vor Kummer. Bestimmt wollte sie sich einen neuen Welpen holen. Der grauenvolle Schmerz der Trennung während ihres Toiletten-Alleingangs war plötzlich wieder da.

„Holly, och Schätzchen, so schlimm ist das alles gar nicht. Die Box ist voller Leckerchen, da ist eine weiche Decke drin und dein Lieblingsspielzeug. Es ist ganz super in der Box."

WAS? Mein Lieblingsspielzeug war im Gefängnis? Das ging zu weit! Und tatsächlich, da lag er, der Stofffuchs, an dem ich immer so gerne rumkaute. Fuchsi! Ich liebte Fuchsi fast so sehr wie mein lebendes Rudel.

Ich überlegte einen Moment und fasste einen kühnen Plan. Ich sprang auf, raste in die Box, schnappte mir eine der Kaustangen und Fuchsi und raste wieder raus. Ich setzte mich auf meinen schwarzen Hundepo, Fuchsi und Stange ordentlich im Maul und sah Frauchen an, die verwundert zurückschaute. Ja, ich war schnell wie der Blitz, das hatte sie jetzt wohl auch verstanden.

„Holly, mit dir haben wir einen Fang gemacht.“

13.

Ich weiß gar nicht, warum Menschen immer so erstaunt sind, wenn Hunde und Katzen sich mögen. Also der Eddie und ich, wir sind jedenfalls ganz dicke Freunde geworden. Wobei natürlich nur er dick ist. Und nur er die Abläufe unserer Freundschaft bestimmt. Und ich zugebe, dass ich das mit den Freunden am Anfang nicht so habe kommen sehen, aber ich war bekanntlich lernfähig.

Die Beziehung zwischen Hund und Katz ist am Ende gesehen wahnsinnig einfach, da könnten sich die Menschen mal ein Beispiel dran nehmen. Einer ist Chef, der andere eben nicht. In unserem Fall war der Eddie Chef – Überraschung! Konnte ich aber gut mit leben, der Eddie kam mir schließlich nicht ständig mit Holly hier, Holly da, Holly mach das, Holly lass jenes. Der war als Chef voll in Ordnung, solange ich ihm den Platz auf dem Sofa überließ, sobald ihm danach war. Das war zugegebenermaßen oft, sprich jedes Mal, wenn ich es mir dort gerade bequem gemacht hatte. Im Gegenzug musste ich aber nicht krampfhaft miauen lernen, mich nicht stundenlang putzen und er wäre wahrscheinlich eher gestorben, als mich auf sein Katzenklo gehen zu lassen. Und wenn wir ehrlich sind, wenn der Eddie ein Mensch gewesen wäre, hätte er versucht, mir genau all das beizubringen, und zwar so schnell wie möglich.

Nachdem der Eddie ein paar Tage in seinem Kellerloch geblieben war, wurde es ihm da unten offenbar zu dumm. Denn, was ich nicht wusste, bevor ich bei meiner neuen Familie eingezogen war, hatte der Platz auf Frauchens Bauch dem Eddie gehört. Sobald sie sich aufs Sofa gelegt hatte, war er drauf gesprungen und erst wieder gegangen, wenn sie aufgestanden war, und das auch nur unter Protest. So die Erzählungen.

Der Eddie kam also eines schönen Vormittags nach oben, schaute kurz um die Ecke und beschloss, dass es sicher war, wieder ins Wohnzimmer zu gehen. War es auch, ich schlief nämlich süß und selig auf Frauchens Bauch, die derweil versuchte, ein Buch zu lesen, wobei sie das Buch mit ausgestreckten Armen über mich halten musste, sonst hätte sie mich am Ende gestört. Welpenschlaf war aber sehr wichtig, laut Züchter. Ich spürte in diesem Welpenschlaf, wie sich etwas auf dem Sofa bewegte, kam aber nicht mehr dazu, meine Augen zu öffnen, da ertönte schon ein unglaublich lautes, schrilles Geräusch.

„Miau!"

Natürlich ahnte ich zu jenem Zeitpunkt nicht, dass das der Eddie war und dass der bei jeder Gelegenheit, wenn er etwas wollte – und glauben Sie mir, diese Katze wollte oft was –, mit einem markerschütternden Schrei auf sein Bedürfnis aufmerksam machen würde.

Erschreckt von seinem ersten „Miau" in meiner Gegenwart sprang ich auf und fiel vom Sofa. Der Eddie blickte mir interessiert nach, wie ich auf dem Boden aufschlug, und stieg betont langsam auf Frauchens Bauch. Alles an seiner Haltung sagte:

Siehste, geht doch.

Selbstredend versuchte ich sofort, meinen Platz zurückzuerobern, und stieg mit den Vorderpfoten aufs Sofa. Eddie schaute mich erneut an, dann fauchte er. Klang bedrohlich. Frauchen blickte derweil interessiert von einem zum anderen. Offenbar war sie nicht gewillt, Partei zu ergreifen. Für mich. Der Eddie machte es sich mit zufriedenem Gesicht auf ihrem Bauch bequem. Fand ich schon blöd, aber da ich nun mal wach war, ließ ich laufen und holte Fuchsi. War mir doch egal, ob der fette Kerl da oben auf Frauchen thronte, die würde eh gleich aufstehen und mit mir spielen. Ich war bereit für jede Menge Spaß.

Frauchen sprang tatsächlich wie von der Tarantel gestochen auf und der Eddie fiel mindestens so unsanft wie ich zuvor auf die Erde. Tja. Karma, Baby.

„Holly, du hast seit fast einer Woche nicht mehr ins Haus gemacht. So ein verfluchter Mist. Denkt man einmal nicht dran, dass du nach dem Schlafen sofort rausmusst", schimpfte Frauchen vor sich hin, während sie die Küchenrolle holte.

Der Eddie musterte mich finster und klopfte dabei mit seinem Schwanz auf den Boden. Alles klar! Der wollte mitspielen. Super. Vielleicht war der Typ gar nicht so ein Gangster, wie er tat. Ich ließ Fuchsi Fuchsi sein und begann, um Eddies Schwanz herum zu hüpfen. Vielleicht konnte ich das Ding fangen? War gar nicht so einfach, der Schwanz war verdammt schnell. Der Eddie fauchte. Bestimmt, um mich anzufeuern im Kampf Holly gegen Katzenschwanz. Ich hüpfte wilder und schnappte nach dem Schwanz, der wie eine Schlange auf Ecstasy auf den Boden peitschte.

„Holly, wenn ich du wäre, wäre ich lieber vorsichtig, ich glaube, der Eddie kriegt gerade ganz schlechte Laune", warnte Frauchen aus einem Berg von Küchenrolle heraus, mit der sie mein Pipi aufwischte.

Mochte sein, aber der Schwanz vom Eddie, der war voll in Spiellaune. Ich versuchte, mit meiner Pfote nach ihm zu schlagen.

Aua. Was war das? Irgendwas hatte mich geschlagen. Aber wer? Frauchen? Nein. Das würde sie nie tun, außerdem war sie zu weit weg und unter Küchenrolle begraben. Frida und Karla waren nicht da. Blieb nur der Eddie. Aber der saß da wie eine Steinfigur. Der dicke Kerl konnte sich unmöglich so schnell bewegt haben. Egal. Der Schwanz forderte mich weiter zum Spielen auf und welcher Welpe lehnte so eine Einladung schon ab? Sicher nicht ich. Zack, bekam ich wieder eine gewischt.

„Eddie, jetzt sei nicht so ein Biest", hörte ich Frauchens Stimme aus der Küchenrolle.

Der Eddie saß weiter steif da, als wäre er eingefroren. Wie konnte der sich so schnell bewegen? Ich setzte mich auf meinen Popo und starrte den Eddie an. Der starrte zurück. Ich ging mal lieber ein Stück weg. Und plötzlich nahm sein Gesicht wieder diesen Ausdruck an. Geht doch. Mir wurde in jenem Moment klar, dass das die Basis unseres künftigen Zusammenlebens sein würde. Geht doch.

Und genauso ging es auch. Edgar verlagerte seinen Lebensmittelpunkt in den kommenden Tagen wieder in die Küche und ins Wohnzimmer. Ich gewöhnte mich daran, seine schlechte Laune zu ignorieren, und machte sie mit meiner guten einfach wett. Vorsichtig. Natürlich. Irgendwie schien dem Eddie meine Unverdrossenheit zu gefallen. Sobald er den Raum betrat, sprang ich auf und schleckte ihn hingebungsvoll ab. Er machte zwar sein bestes angewidertes Gesicht, blieb aber sitzen und knallte mir auch keine. Geht doch. Manchmal warf er sich auch vor mir auf die Erde und wartete, dass ich meinen Spieltanz vor ihm aufführte. Natürlich ließ ich mich nie lange bitten und hüpfte vor ihm auf und ab, als gäbe es kein Morgen. Er dirigierte mich dabei mit seiner Pfote. Krallen eingezogen.

Frauchen verstand das natürlich alles vollkommen falsch und warnte mich ständig, den Eddie lieber in Ruhe zu lassen. Dabei hatten wir beide längst eine stille Übereinkunft getroffen. Wahrscheinlich war Frauchen schlicht eifersüchtig, dass es neben Team „Frolly“ jetzt auch noch Team „Holgar“ gab.

Und Team „Holgar“ spielte nicht nur wahnsinnig gerne miteinander, also so lange Eddie Lust drauf hatte, wir hatten eine gemeinsame Leidenschaft: Fressen.

Der Eddie führte mich dabei in eine vollkommen neue, mir bis dahin unbekannte Welt ein. Die wunderbare Welt des Bettelns. Der Eddie war ein Meister seines Fachs. Mir war gar nicht klar gewesen, dass man den Leckerchen-Regen, den ich nur kannte, wenn ich etwas gut gemacht hatte, auch einfach so auslösen konnte. Man musste nicht mehr dafür tun, als zur richtigen Zeit am richtigen Ort zu sein und auf sich aufmerksam zu machen.

Der richtige Ort war der Platz unterhalb des Küchenschrankes, in dem Frauchen die Leckerchen aufbewahrte. Man setzte sich einfach dorthin und im Falle von Eddie machte man so lange Randale oder sprang sogar auf die Ablage, bis irgendeiner der Menschen es nicht mehr aushielt, den Schrank öffnete, sagte „Hör jetzt endlich mit diesem elenden Miauen auf, du kriegst ja was, du doofe Katze“ und ein Leckerchen rausrückte. In meinem Fall war es sogar noch einfacher, denn ich profitierte vom „Gleiches Recht für alle“-Prinzip. Sprich, ich musste mich nur neben den Eddie setzen und bekam etwas. Ich mochte diesen Kater. Und er mich auch, irgendwie. Das fiel irgendwann selbst Frauchen auf, denn eines Morgens seufzte sie: „Ich weiß nicht, wie gut ich diese Freundschaft zwischen euch beiden schwarzen Höllenviechern genau finden soll.“ Dann gab sie uns ein Leckerchen.

14.

Irgendwann verstand ich, dass der allwissende Züchter, der das Hunde-Gesetzbuch verfasst hatte, niemand anderes war als mein erstes Herrchen. Wie der seinen Status als unfehlbarer Hundekenner erreicht hatte, wurde für mich allerdings jeden Tag rätselhafter. Bei Herrchen hatten wir Welpen in einer Art gesetzlosem Welpenzimmer gelebt, wo wir tun und lassen konnten, was wir wollten. Der Raum war bis auf ein paar Kissen und Decken leer gewesen, viel Unheil konnten wir also nicht anrichten. In sein Haus durften wir, wie bereits erwähnt, nicht oder nur in kleinen Gruppen und nur für eine kurze Zeit. Spätestens nach der Geschichte mit der Spülmaschine begann ich zu ahnen, warum. Was ich nicht verstand, war, warum er seinen Gesetzestext nicht mit der Regel begonnen hatte:

„Lassen Sie den Hund nicht ins Haus so wie ich, dann geht auch nichts kaputt."

So wie ich das sehe, hätte er sich den Rest von seinen blöden Gesetzen dann einfach sparen können.

Das, was später als der Tag, an dem Holly die Spülmaschine

demolierte, in die Familiengeschichte eingehen sollte, begann eigentlich ganz normal. Ich war mit Frauchen spazieren gegangen, sie hatte mir erfolglos versucht, bei Fuß beizubringen, und ich ihr erfolglos versucht klarzumachen, wie toll es war, hinter Blättern herzulaufen. Nun lag ich friedlich eingekuschelt in meinem Körbchen, das ich, nachdem der Eddie das Sofa für sich zurückerobert hatte, sehr zu schätzen gelernt hatte. Da der Eddie auf dem Sofa rumlümmelte und sofort warnend miaute, wenn sich ihm jemand näherte, blieb Frauchen nichts anderes übrig, als sich in der Küche zu beschäftigen. Sie wühlte also in allen möglichen Schubladen rum, machte Essen und stellte gerade einen Teller in die Spülmaschine, als das Telefon klingelte.

Das Telefon war so eine Sache, die ich wirklich unheimlich fand. Die Menschen sprachen stundenlang in so einen komischen Kasten in ihrer Hand, manchmal lachten sie, dann redeten sie im Befehlston, dann heulten sie. Aber da war niemand, mit dem sie sprachen. Warum machten die das? Vollkommen abgefahren, aber wie bei so vielen Dingen hatte ich entschieden, es einfach hinzunehmen. Das Telefon hatte nämlich auch seine Vorteile. Wenn die Menschen damit beschäftigt waren, vergaßen sie ganz gerne alles um sich herum. Und das hieß vor allem eins: Freie Fahrt für Holly!

Frauchen hatte sich also mit dem Telefon am Ohr vorsichtig neben den Eddie aufs Sofa gelegt, was dieser mit einem bösen Blick strafte, ihr aber ausnahmsweise durchgehen ließ. Ich war wach und überlegte, ob ich schnell Pipi machen sollte, besann mich aber eines Besseren, wofür ich später bestimmt ein ganz großes Lob kriegen würde. Bekam ich natürlich nicht, das ist so eine Sache mit den Menschen, die sehen immer nur das Schlechte. Und das Schlechte in dem Fall war die Spülmaschine. Die stand offen. Und roch total gut. Ich stand aus meinem

Körbchen auf und ging hin. Nur mal kurz schnuppern. Da konnte niemand was dagegen haben.

Da die Klappe der Spülmaschine heruntergelassen war, konnte ich endlich mal einen Blick in das Innere werfen. Normalerweise scheuchte mich Frauchen immer zur Seite, aber heute lag sie außer Blickweite auf dem Sofa und telefonierte. Das konnte nur bedeuten, dass sie nichts dagegen hatte, dass ich die Spülmaschine mal genauer untersuchte. Sonst hätte sie die sicher nicht extra für mich aufgemacht und offen gelassen, oder?

Es duftete verlockend aus dem Ding. Leider war diese Klappe vorne ziemlich groß und ich kam nicht an die Teller ran, die in der Maschine standen und so verführerisch nach Essbarem rochen.

„Schleck uns ab", riefen die Teller mir plötzlich zu.

Wie heißt das Zauberwort?

„Bitte, bitte, schleck uns ab."

Na gut. Ich beschloss, mich nicht so lange bitten zu lassen wie Frida, wenn sie Karla eins ihrer T-Shirts leihen sollte. Das ewige „Was krieg ich denn dafür?" ging mir so was von auf die Nerven, sollten die Teller ruhig sehen, dass ich viel netter war.

Vorsichtig stellte ich eine Pfote auf die silbrig glänzende Klappe. Nichts passierte. Sehr gut. Wo eine Pfote draufging, passte noch eine hin. Und noch eine. Alte Hundeweisheit.

Zack, saß ich auf der Klappe, die leicht nachgab. Roch gleich viel intensiver von hier oben. Intensiver und besser. Ich machte einen Schritt nach vorne. Ich konnte den ersten Teller jetzt abschlecken. Was ich tat. Was hätte ich auch sonst tun sollen, wo die mich so lieb gebeten hatten? Aber da hinten in der Ecke, da duftete es noch besser und der arme Teller wirkte sehr unglücklich, so unabgeschleckt und dreckig, wie er war, da ganz hinten in der Maschine.

Vorsichtig setzte ich meine Pfote in den Innenraum, der mich ein bisschen an meine verhasste Hundebox erinnerte. Überall Gitter und Stäbe. Nur dass die in diesem Fall kleiner waren als ich und oben offen. Aaah. Jetzt verstand ich. Das war so eine Art Hindernis-Parcours. Für drinnen. Im Haus und in der Spülmaschine. Sehr cool. Vorsichtig setzte ich Pfötchen für Pfötchen in die verschiedenen Öffnungen zwischen den Stäben. Ich musste mich dabei etwas ducken, aber das tat ich gern, um den Teller von seinem Leid zu erlösen.

Tada! Ich hatte es geschafft. Sorgsam schleckte ich den Teller ab. Köstlich. Einfach nur köstlich. Ich war total in meinem Element, als es plötzlich einen Knall gab und dunkel wurde. Stockdunkel. Ich sprang auf und verhedderte mich mit meinen Pfoten in den Gitterstäben. Aua. Zwei von den blöden Dingern hatten mich echt fies in meine Rippen gepikt. Am Rücken hatte ich mir auch wehgetan. Mühsam stand ich auf und versuchte, die Balance zu halten, was nicht einfach war. Dieser Parcours war eindeutig für Fortgeschrittene. Die Dunkelheit machte es nicht besser. Ich bekam es mit der Angst zu tun. Irgendetwas war hier nicht in Ordnung. Ich begann zu winseln.

„Holly? Wo bist du denn?“, hörte ich Frauchens Stimme weit entfernt und ganz dumpf.

Ich winselte lauter, doch nichts geschah.

„Hat jemand den Hund gesehen?“, hörte ich Frauchen rufen. „Die heult doch irgendwo.“

Natürlich hatte mich niemand gesehen, außer den Tellern, ich saß schließlich in der Spülmaschine fest. Allein. Frauchen stellte sich mal wieder mehr als blöd an. Die Teller waren keine Hilfe und sagten nichts mehr. Die würden sich umgucken, wenn sie mich das nächste Mal anbettelten, ich solle sie abschlecken. Da konnten sie lange warten!

Ich wurde langsam panisch, schließlich hatte ich es nicht so mit dem Eingesperrtsein, und schon gar nicht in dieser Monstermaschine. Ich begann zu bellen, so laut ich konnte.

„Das gibt es nicht. Sag mir nicht, dass dieser Hund sich heimlich in die Spülmaschine geschlichen hat."

So erstaunt hatte ich Frauchen selten gehört. Aber immerhin, die Klappe ging auf. Ich sprang sofort und mit voller Kraft nach draußen. Also auf die Klappe. Die gab unter meinem Gewicht nun endgültig nach und senkte sich langsam ab. Hui. Ich rutschte begeistert auf dem Po in Richtung Freiheit. Das hatte Spaß gemacht.

Man ahnt bereits, dass meine Freude nicht geteilt wurde. Ich erzähle nur noch so viel: Es dauerte sieben Tage, bis eine neue Spülmaschine geliefert wurde. In der Zeit mussten Frauchen, Frida und Karla spülen. Man macht sich keine Vorstellung, wie ausgiebig spülende Menschen jedes Mal wieder mit einem kleinen Hund, der einen winzigen Fehler gemacht hat, schimpfen können.

15.

Wissen ist Macht. Dies ist ein geflügeltes Wort in unserem Haus, das Frauchen besonders gerne nutzt, wenn es um die Schulnoten ihrer Kinder geht. Oder sonst irgendetwas, was die beiden nicht wissen, worauf man in Frauchens Universum aber auf gar keinen Fall verzichten kann. Sie verbringt viele Stunden damit, ihrem Nachwuchs zu erklären, wie wichtig es ist, zu lesen und sich das Gelesene zu merken, weil man das immer wieder im Leben brauchen wird.

„Man kann sich nicht genug merken, weil man nicht genug wissen kann“, ist einer von Frauchens beliebtesten Sprüchen.

Es war mir daher vollkommen unerklärlich, dass Frauchen sich in Bezug auf ihren Hundewelpen – also mich – ein Wissen angeeignet hatte, das in seinem Umfang mindestens einer 100-bändigen Enzyklopädie entsprach. Aber dennoch war sie im Alltag immer wieder vollkommen unvorbereitet und überrascht, wenn etwas passierte, über das ellenlange Kapitel in ihren Büchern geschrieben standen. Ich sage nur Zahnwechsel.

Ich wusste nicht genau warum, aber ich liebte es, meine Menschen in ihre Füße zu beißen. Wenn sie saßen, wenn sie standen und natürlich ganz besonders, wenn sie sich bewegten, das war quasi eine Aufforderung zum Spiel. Die, wie so vieles, was mir besonders große Freude bereitete, auf wenig Gegenliebe bei meinem Menschenrudel traf.

„Geh mit deinen spitzen Zähnen weg!“, meckerten sie mich jedes Mal an und sprangen so komisch rum, dass ich das zunächst nur so interpretieren konnte, dass sie unbedingt mitspielen wollten, es aber nicht zugeben konnten. Menschen halt. Ich vermutete, dass Fußbeißen so ähnlich für sie war wie Schokolade. Die war toll, trotzdem wurde über jedes Stück diskutiert, das man davon aß, statt das Zeug einfach wegzuhauen, wie ich es gemacht hätte.

Nun war ich nicht umsonst ein Wunderhund – wir erinnern uns, wie schnell ich das mit dem Pipi verstanden hatte – und damit extrem lernfähig. In der neuen Spülmaschine war ich auch nur einmal ganz kurz drin gewesen, um zu prüfen, ob alles seine Ordnung hatte. Seitdem nicht mehr. Und ich hätte Gelegenheiten gehabt, das dürfen Sie mir glauben. Es grenzte fast an Verantwortungslosigkeit, wie oft das Ding offen stand, obwohl man wusste, dass man einen neugierigen Hundewelpen im Haus hatte.

Wie auch immer, nach dem gefühlten dreimillionsten Rüffel wegen unaufgeforderten Zehenbeißens ließ ich es eben. Biss ich eben woanders rein. Zum Beispiel in Schuhe ohne Menschenfüße drin. Denn das Problem war, in meinem Maul juckte es die ganze Zeit, dass ich hätte verrückt werden können. Nun war ich angeblich schon verrückt, offenbar war das aber steigerungsfähig. Meine Zähne trieben mich in den Wahnsinn. Das Einzige, was Linderung brachte, war, auf etwas herumzukauen. Egal auf was. Schuhe eigneten sich gut, fand ich schnell heraus. Die standen praktischerweise am Eingang auf der Erde rum. Abhol- und bissbereit. Dachte ich.

War aber natürlich nicht so. Ganz großes Missverständnis. Jedes Mal, wenn mich eines meiner Frauchen irgendwo glücklich auf einem Schuh kauend fand, brach mittlerer Katastrophenalarm los.

„HOLLY! Nein! Pfui! Aus!“, heulten eine bis drei Sirenen los, dann wurde das Feuer eröffnet. Auf mich. Ich glaube, wenn ich als Außenstehender hätte zusehen können, ich hätte ob der Szenen, die sich da abspielten, sofort die Irrenanstalt oder die Genfer Hundekonvention informiert.

Sofern man meiner habhaft werden konnte, warf sich der nächststehende Mensch auf mich, als sei ich ein bis an die Zähne bewaffneter Serienmörder, nahm mich in den Schwitzkasten und zog mir den Schuh aus dem Maul. Hatte ich im Vorfeld mitgedacht und mich unters Sofa gelegt, wurde ich mit Bällen, Spielzeugen und anderen Dingen beworfen, um mich aus meinem Versteck zu treiben. Ich muss dazu ausführen, dass ich zu diesem Zeitpunkt vielleicht zehn Kilo wog, also das war, was man eine halbe Portion nannte. Vor allem verglichen mit drei ausgewachsenen Menschen.

Ich werfe das nur mal so ganz kurz in die Runde als Gedankenansatz: Warum stellten die ihre Schuhe in den Flur? War das eine Prüfung, die man als Welpe bestehen musste, um etwas zu beweisen? Aber was? Dass man mehr Willenskraft als jeder Mensch hatte? Dass man höllisches Zahnjucken ignorieren konnte, weil man seine Menschen mehr liebte als alles andere? Dass man Schuhe doof fand?

„Wenn du so weitermachst und Schuhe zerstörst, Holly, muss ich bald Oma Berthas Goldschmuck verkaufen“, seufzte Frauchen irgendwann.

Ich legte meinen Kopf zur Seite und sah Frauchen an. Die

schaute zurück. So weit hatten sie mich schon, ich initiierte dieses bekloppte Gucken mittlerweile. Aber in dem Fall war ich ernsthaft verwirrt.

Warum gaben sie mir nicht einfach Oma Berthas Goldschmuck zum Kauen? Der war offenbar was ganz Tolles. Vielleicht hielt der länger als die Stofftiere, Kauknochen, Gummibälle und das andere Zeug, was sie ständig anschleppten, um meinen Kautrieb zu befriedigen. Das Zeug taugte aber leider alles nichts, sogar Fuchsi hatte seine besten Tage hinter sich. Und mit dem war ich extrem vorsichtig.

Da ich ein harmoniebedürftiger Retriever war, bemühte ich mich natürlich meinerseits um eine Lösung, die für uns alle akzeptabel war. Eine schnelle Lösung, denn meine Zähne, mein Zahnfleisch, mein ganzes Maul, alles schien von morgens bis abends in Flammen zu stehen, so sehr juckte es.

Gott sei Dank wurde ich eines schönen Morgens fündig. Das Tischbein sah nicht nur verlockend aus, war angenehm hart, nein, es schien größentechnisch wie für mein Maul gemacht zu sein. Ich legte mich also unter den Tisch und kaute zufrieden. Sie glauben nicht, wie gut das tat. Ich wedelte ein bisschen mit dem Schwanz vor Freude, dann konzentrierte ich mich wieder ganz aufs Kauen. Frauchen saß derweil auf der anderen Seite des Tisches und schrieb an einem ihrer Bücher. Mein Frauchen war nämlich Schriftstellerin. Und noch ein paar andere Sachen, aber das erfuhr ich erst sehr viel später. In diesem Moment war sie mein geliebtes Frauchen, das zwar alles über den Zahnwechsel beim Welpen gelesen hatte, der es aber offenbar an übergreifendem Denkvermögen fehlte. Sonst hätte sie in die Praxis umsetzen können, was sie in der Theorie wusste: Ein zahnender Welpe in der Nähe eines Tischbeins aus Holz ist keine gute Idee.

„Du bist aber eine liebe Holly", murmelte sie geistesabwesend, statt in einen ihrer Code-Red-Zustände zu verfallen, und tippte gedankenverloren auf ihrem Laptop herum. „Holly, der neue Krimi läuft gerade wie geschmiert, ich komme super voran", ließ sie mich wissen. „Du bist wirklich ein lieber Hund heute Morgen."

Ich fand allerdings auch, dass ich eine liebe Holly war. Kein Schuh weit und breit. Ich war spitze und außerdem waren wir ein tolles Team! Team Frolly eben. Wir arbeiteten beide hoch konzentriert weiter, keine von uns blickte von ihrer Tätigkeit auf. Allerdings schien ich irgendwann über meiner Arbeit eingenickt zu sein und wurde von einem spitzen Schrei aus einem wunderbaren Traum, in dem ich in einem gigantischen Bröckchen-Napf schwamm, geweckt.

Oh. Die Form des Schreies kannte ich, dachte ich schlaftrunken. Die hieß nichts Gutes. Wahrscheinlich hatte der Eddie wieder aufs Parkett gekotzt. Oder noch schlimmer, auf den Teppich. Da ging immer was ab.

„Das kann nicht dein Ernst sein. Du Untier. Du furchtbarer Hund. Du Monster. Du zerstörerische Kreatur!"

Ich hob den Kopf. Meinte sie etwa mich? Ich schaute mich um. Der Verdacht lag nahe, denn Frauchen stand direkt neben mir und brüllte. Vom Eddie keine Spur. Ich setzte mich mal vorsichtshalber auf meinen Popo und machte mein unschuldigstes Hundegesicht.

„Nein, nein, nein, Freundchen. Der Blick nützt dir heute gar nichts. Ich weiß genau, dass du den Tisch ruiniert hast! Du bist voller Holzsplitter. Wie kann man nur so abgebrüht sein und neben dem Corpus Delicti einschlafen."

Ich schaute betreten an mir herunter. Ups. Tatsächlich. Mein schwarzes Fell war gesprenkelt mit kleinen hellbraunen Holzstückchen. Wie war das nur passiert? Die Situation erschien mir besondere Maßnahmen zu erfordern und ich schlich, Schwanz und Blick gesenkt, in mein Körbchen.

„Holly, der Tisch war total teuer. Guck dir mal an, wie der jetzt aussieht! Du bist echt ein böser Hund. Du hast das Tischbein auf Zahnstocherbreite runtergekaut!“, wütete Frauchen hinter mir her.

Ich rollte mich mit dem Kopf zur Wand ein, machte die Augen zu und wartete, dass der Sturm vorüberzog. Frauchen beseitigte derweil die Holzspäne vom Boden und ging schlecht gelaunt an mir vorbei.

„Echt, Holly. Das ist ein total teurer Tisch. Wenn du so weitermachst, müssen wir wieder mit der Box üben.“

Was? Nein! Um Himmels willen. Nicht wieder das blöde Gitterding. Darauf hatten wir uns doch geeinigt, dass das gar nicht ging. Oh Gott. Sie war schon auf dem Weg in den Keller, wo sie das Höllending hingestellt hatte. Ich konnte nicht anders, ich musste zur Kellertreppe laufen, vielleicht konnte ich das Schlimmste verhindern? Wie genau ich was verhindern wollte, wusste ich zwar nicht, aber es würde mir schon etwas einfallen. Zu meiner Erleichterung kam Frauchen nicht mit der Box, sondern mit vier leeren Plastikflaschen die Treppe wieder hoch. Was gab das denn jetzt? Ich ahnte Böses.

Doch meine Sorgen waren unbegründet. Diesmal. Frauchen schnitt zwar meckernd wie eine alte Bergziege die oberen Enden der Flaschen ab, doch dann stellte sie mit zufriedenem Gesicht jedes der Tischbeine in eine Flasche. Das sah absolut behämmert aus, schien Frauchen aber sehr glücklich zu machen.

„Damit dürften die restlichen Tischbeine gerettet sein“, murmelte sie und knuffelte mich an den Ohren. „Jetzt kannst du keinen Schaden mehr anrichten, Holly."

Stimmt. Trotzdem war Frauchen sauer, als ich mitten in der Nacht entdeckte, was für tolle Geräusche Plastikflaschen machten, wenn kleine Hundezähne intensiv darauf herumkauten.

16.

Eine ganz besondere Eigenart der Menschen ist es, dass sie alles mit zweierlei Maß messen, insbesondere wenn es um ihren Hund geht. Der soll sich so und so benehmen, sie selber dürfen derweil aber alles, was ihrem Vierbeiner strengstens verboten ist.

Ich zum Beispiel darf bei Tisch nicht betteln. Da geht voll die Post ab, wenn ich auch nur den Blick gen Esstisch hebe, während meine Menschen sich die Bäuche vollschlagen. Sofort werde ich mit der Ankündigung, das gehe gar nicht, einen Hund, der beim Essen bettele, den wolle man nicht haben, in mein Körbchen geschickt. Und da bleibe ich besser liegen, bis die Teller abgeräumt sind, Blick gesenkt, als wäre ich in flagranti beim Überfall der Wursttheke im Supermarkt erwischt worden. Die Menschen bestellen sich derweil Pizza und es geht in einer Tour: Darf ich mal von deiner probieren? Isst du das Stück noch oder kann ich das haben?

Die Königin des Zweierlei-Maß-Messens ist natürlich Frauchen. Wenn die Pubertiere nicht da sind, ist Schokolade ihr Alleinnahrungsmittel, sobald die Mädels wieder zu Hause sind, gilt Schokolade als Teufelswerkzeug, das es um jeden Preis zu vermeiden gilt. Sogar was meine Tätigkeit als „zerstörerische Kreatur" – ja, das hatte wehgetan – anging, hätten die Messbecher nicht unterschiedlicher sein können, die Frauchen nutzte.

Je länger ich bei meiner neuen Familie war, desto mehr lernte ich über ihre Gewohnheiten und unser gemeinsames Zuhause. Ich erfuhr zum Beispiel, dass es neben der Küche, dem Wohnzimmer und dem Gäste-WC weitere Räume gab, die ich allerdings nur erreichen konnte, wenn mich jemand auf den Arm nahm und die Treppen hochtrug.

Selbstredend wäre ich die Stufen alleine hochgekommen, am Willen von meiner Seite aus mangelte es nicht, aber Hundegesetz 38a, Paragraf 12, Absatz 4 des Züchters besagte: keine Treppen für Hunde unter sechs Monaten. Also wurde ich getragen. Na ja, warum nicht. So schlimm war das auch wieder nicht. Für mich. Frauchen begann bereits nach wenigen Wochen zu maulen, dass ich immer schwerer würde und sie mich kaum noch hochkriege. Was konnte ich dafür, dass sie keine Gesetze brechen wollte oder konnte. Und mich fütterte.

Wie auch immer, oben gab es eine Menge Zimmer, unter anderem die von Karla und Frida. Meine erklärten Lieblingszimmer. Teller mit Speiseresten zum Ab-, halb leere Joghurtbecher zum Auslecken und andere Köstlichkeiten standen dort in Hundenasenhöhe allzeit bereit. So ein Teenagerzimmer ist wie ein „All you can eat"-Büfett für Hunde. Außerdem lag immer etwas auf dem Boden rum, in das ich meine kleinen schmerzenden und juckenden Zähnchen reinhauen konnte. Frauchen unterstützte mich dabei, so gut sie konnte. Sie haben richtig gelesen, sie unterstützte mich so gut sie konnte. Womit wir bei dem zweierlei Maß wären.

„Selber schuld, wenn ihr nicht aufräumt und alles auf dem

Boden liegen lasst", war ihr schadenfroher Standardspruch, wenn eines der Mädchen sich beschwerte, dass ich wieder eine Unterhose, einen Schuh, die neue Wimperntusche oder den besten Stift, den es in seinem ganzen Leben gehabt hatte, zerkaut hatte. Sah ich genauso. Was auf der Erde lag, gehörte mir. Außer den Tischbeinen, die waren offensichtlich ein Grenzfall. Grauzone. Zur Sicherheit verzog ich mich mit meiner Beute in den Pubertierzimmern meistens unter die Betten von Frida und Karla. Das war doppelter Spaß, wenn die beiden auf dem Bauch vor dem Bett lagen, unter das sie nicht drunter passten, und versuchten, mich zu überreden, wieder rauszukommen.

„Holly, Schätzchen, sei ein feiner Hund und komm da raus", begann Karla zum Beispiel eines Abends mit einem säuselnden Tonfall, der mich vollkommen kalt ließ. Ich kaute glücklich auf dem Träger ihres neuen BHs.

„Holly! Komm da jetzt sofort raus." Der Tonfall wurde ruppiger.

Hol mich doch. Oha, da war noch eine Füllung in dem BH, ob man die da rausbekommen konnte?

„Holly! Ich sage es jetzt zum letzten Mal, komm da raus!"

Die Füllung war draußen und das war nicht das letzte Mal, dass du das gesagt hast, das wusste ich aus Erfahrung. Mal schauen, ob man das harte Ding an der Seite von dem BH zerbeißen konnte.

„Du gottverfluchter Mistköter, komm jetzt sofort da raus oder es knallt." Eine Zeitschrift flog an mir vorbei. „Sofort, du Mistvieh!"

Na, wer wird denn da so ausfallend werden? Ich kam ja schon. So toll war der BH nun auch wieder nicht. Den konnte sie gerne wiederhaben, lohnte sich aber nicht. Das harte Ding an der Seite konnte man locker zerbeißen, keine gute Qualität.

Mein gesunder Hundeverstand sagte mir, dass ich lieber schnell aus meinem Versteck laufen und zusehen sollte, dass ich nach unten zu Frauchen kam, während Karla ihren BH unter dem Bett hervorholte. Sein Zustand nach meiner Qualitätskontrolle würde sie womöglich nicht wirklich glücklich machen.

„Dieser verfluchte Köter hat meinen neuen BH zerfleischt. Mama!", brüllte Karla von oben, während ich auf der Treppe war.

„Kannst du denn nicht einmal aufpassen, der Hund soll keine Treppen laufen!"

Ehrlich, diese Karla. Die wusste doch, was der Züchter gesagt hatte. Wahrscheinlich waren meine Hüften jetzt ruiniert. Für immer. Ich setzte mich unschuldig vor Frauchen und sah sie verliebt an.

Frauchen sah verliebt zurück. „Das macht man aber wirklich nicht, Holly!"

Okay, Frauchen. Ich gehe nie wieder die Treppe allein runter. Versprochen.

Karla kam erbost nach unten. „Willst du den Hund nicht bestrafen?"

„Sie weiß gar nicht mehr, was sie gemacht hat, außerdem habe ich dir oft genug gesagt, du sollst dein Zimmer aufräumen, bei mir oben hat sie noch nie etwas kaputt gemacht."

Das allerdings war eine infame Lüge. Oder besser gesagt zwei infame Lügen. Die erste Lüge kam vom Züchter, dass alle Hunde unter Spontan-Demenz litten, und die zweite von Frauchen, dass ich in ihrem Zimmer noch nie etwas kaputt gemacht hätte.

Wenn ich mich nur daran erinnern könnte, würde mir da spontan die neue Bluse einfallen, die sie fahrlässigerweise auf dem Stuhl hatte liegen lassen, als sie auf Toilette gegangen war und mich mal wieder nicht mitgenommen hatte. Oder ihre Socken, die auf der Erde gelegen hatten. Der mit kleinen Perlchen bestickte Schal, nach dessen Qualitätskontrolle durch meine Wenigkeit Frauchen mein Kacki tagelang auf buntes Plastik untersucht hatte. Die Liste war lang. Sehr lang.

17.

Viele Menschen sind übrigens geborene Lügner und stehen nur äußerst ungern zu ihren Fehlern. Wenn ich mal ein Gesetzbuch für die Erziehung von Menschen schreibe, gibt es darüber auf jeden Fall ein ganzes Kapitel. Wir Hunde sind schließlich ganz anders. Wir geben alles sofort zu, gucken betreten, sind bereit, Sühne für unsere Sünden zu tun, und hoffen einfach, dass die Welt sich weiterdreht. Die Sache mit der Spülmaschine, die habe ich zum Beispiel nie geleugnet. Der gemeine Mensch dagegen versucht, mit Schummeln seine Missetaten zu verdecken und zu verschönen.

Karlas und Fridas reflexartige Antworten auf jegliche Fragen ihrer Mutter sind daher:

„Das war ich nicht."

„Das weiß ich nicht."

„Das kann ich nicht."

Oder Schweigen. Schweigen ist auch beliebt.

Ich dagegen würde gerne reden. Man macht sich keine Vorstellung, was ein Hund so alles mitbekommt. Wir sind schließlich immer in der Nähe unserer Menschen und wir haben Augen. Ohren auch. Da wir nicht reden und somit auch nicht petzen können, werden wir ständig Zeugen der unglaublichsten Dinge. Haben Sie schon mal überlegt, was Ihr Hund so alles über Sie weiß?

Mein Gerechtigkeitssinn macht jedenfalls regelmäßig Überstunden. Die Law-and-Order-Holly in mir schlägt fast täglich die Pfoten über dem Kopf zusammen bei dem, was sich vor ihren Augen abspielt. Wenn ich der Menschensprache mächtig wäre, ein Wasserfall wäre nichts gegen mich.

Gerne sehe mich allerdings auch gelegentlich in der Rolle der Doppel-Agentin, die auf der einen Seite ganz hervorragend mit allen Hausbewohnern auskommt, auf der anderen Seite deren schmutzige kleine Geschäfte und Geheimnisse an Frauchen verrät. Holly 007. Oder so. Bei zwei Teenagern im Haus gibt es eine Menge zu erzählen, das dürfen Sie mir glauben. Würde ich natürlich niemals tun, das mit den Geheimnissen verraten, ich bin schließlich ein Ehrenhund und mein Clan … äh … Rudel geht mir über alles. Hund darf ja mal träumen. Vor allem, da meine „Sprachlosigkeit" im Gegenzug gerne mal schamlos ausgenutzt wird. Zweierlei Maß, Sie erinnern sich.

Es begab sich an einem Tag in den Schulferien. Frauchen war nicht da und hatte mich zu Hause bei den Pubertieren gelassen, allein war ich schließlich in Anwesenheit der Mädchen nicht. Ich fand es natürlich trotzdem grauenvoll so ohne Frauchen, aber auch was das anging, hatte ich begonnen, dieses schwere Schicksal mehr oder weniger klaglos auf meinen kleinen Hundeschultern zu tragen.

Frida und Karla saßen in der Küche und schauten auf ihre Handys. Statt mit mir spazieren zu gehen, mal kurz angemerkt.

Ich hatte sehr wohl gehört, dass Frauchen ihnen das aufgetragen hatte. Aber egal, ich war Kummer gewöhnt, kniff meinen Allerwertesten zusammen, lag in meinem Körbchen und tat, als ob ich schliefe. Ich wusste schließlich aus Erfahrung ganz genau, was als Nächstes passieren würde, und wollte das Unheil lieber nicht mit ansehen.

Und tada! Frida stand auf und nuschelte in den Raum, dass sie Hunger habe. Karla schaute sofort interessiert auf. Die beiden sahen sich an. Zwei junge Menschen, die von ihrer eigenen Mutter die Hyänen genannt wurden und bei denen Frauchen gelegentlich kurz davor war, den Gartenschlauch zu holen, um sie voneinander zu trennen. Doch wenn ihre Mutter nicht da war, dann wurden sie zu Komplizen, ein kriminelles Duo, das sich blind verstand. So auch dieses Mal.

Die beiden gingen in schönster Eintracht an einen der Küchenschränke und holten genau das heraus, was ich mir gedacht hatte: das Nutella-Glas. Statt die Suppe vom Vortag zu essen, wie Frauchen ihnen eingeschärft hatte. Immer schneller wanderten volle Löffel aus dem Glas in die Münder der Diebe. Ich war entsetzt und angewidert. Wirklich, was dachten die sich? Ich hatte schließlich auch Hunger! Aber mir bot natürlich niemand was an. Außerdem war das alles sehr falsch und verboten, Nutella stehlen stand ganz oben auf Frauchens roter Geht-garnicht-Liste für ihre Kinder. Ich stand vorsichtig auf und ging zu den beiden. Sanft stupste ich Frida ans Knie, vielleicht durfte ich auch mal schlecken am Löffel oder sie erkannten wenigstens, wie falsch ihr Tun war.

Wie es sich für einen auf frischer Tat erwischten Dieb gehörte, zuckte Frida vor Schreck zusammen und ließ das Nutella-Glas fallen.

„Kacke!“, schrien die beiden Kleinkriminellen unisono auf,

während ich zusah, dass ich zurück in mein Körbchen kam.

„Holly! Musst du uns so erschrecken! Guck dir an, was du angerichtet hast!" Karla sah mich böse an und Frida nickte mit verbissenem Gesicht zustimmend.

ICH? Hatte ich etwa Nutella gestohlen? Hatte ich das Glas fallen lassen? Ich hatte doch nur mal schlecken und sie warnen wollen. Ich stand auf, drehte mich in meinem Körbchen um und legte mich mit dem Kopf zur Wand, sodass ich die beiden Verbrecher nicht ansehen musste. Die sollten ruhig merken, dass ich beleidigt war. Taten sie natürlich nicht. Sie beseitigten meckernd die Scherben, versenkten anschließend den für das Abendessen vorgesehenen Inhalt des Suppentopfs in der Toilette und machten sich einen Toast. Natürlich wussten wir alle, dass das nicht das Ende der Geschichte war.

Frauchen kam so spät nach Hause, dass die Nutella-Diebe bereits im Bett lagen und schliefen. Oder zumindest so taten, ich vermutete eher, dass sie das Licht ausgemacht hatten und unter der Bettdecke weiter auf ihre Handys starrten. War mir aber völlig egal, ich hatte ganz andere Sorgen: Ich musste dringend Pipi. Dank des Nutella-Spektakel-Debakels war niemand mit mir gegangen. Gott sei Dank hatte Frauchen ihre „Holly muss sicher Pipi"-Paranoia niemals wirklich abgelegt, ließ mich als Erstes raus, bevor sie mich intensiv kuschelte und wir schlafen gingen. Es war ein langer Tag gewesen. Am nächsten Morgen entdeckte Frauchen selbstredend als Erstes das fehlende Nutella-Glas.

„Guten Morgen, meine Engelchen", zwitscherte sie in einem derartig gefährlichen Ton die Treppe hoch, dass ich vorsichtshalber gleich mal in mein Körbchen ging. „Wo ist denn das Nutella-Glas geblieben?"

„Keine Ahnung!"

„Keine Ahnung!"

War klar, dass die beiden es erst mal so versuchten.

„Einer von euch muss das Glas genommen haben. Ich weiß zu 100 Prozent, dass ich es gestern Morgen in den Schrank gestellt habe. Und es war so gut wie voll!"

„Ich war es nicht!"

„Ich auch nicht!"

Was dachten die sich? Dass ihre Mutter ihnen glauben würde und die Sache damit vom Tisch war? So naiv war ja nicht mal ich. Frauchen hatte unterdessen die Fährte von schlechtem Benehmen gemischt mit Nutella-Diebstahl aufgenommen und setzte ihre Beweisaufnahme gnadenlos fort.

Oberkriminalrat Frauchen ging zur Spülmaschine, öffnete sie und fand, was sie gesucht hatte. Wenn sie mich gefragt hätten, hätte ich den Mädchen gleich sagen können, dass sie mit der Suppennummer so nicht durchkommen würden. Hatte mich aber keiner gefragt.

„Was habt ihr mit der Suppe gemacht?"

Immerhin, sie waren gewieft genug, nicht mit „Keine Ahnung" zu antworten.

„Haben wir gegessen. War lecker!", erklangen die Stimmen zweier Unschuldsengel gleichzeitig von oben, fast als sprächen sie vom Himmel herab.

„Kommt mal runter!"

Die Stimme kannte ich, wenn ich die Mädels gewesen wäre, wäre ich jetzt ganz vorsichtig, Rute eingezogen, nach unten gekommen, hätte mich hingesetzt und so lieb geschaut, wie ich eben konnte. Aber nix, die liefen arrogant, wie sie waren, direkt ins Zentrum des Orkans.

Karla kam als Erste runter und verdrehte zur Begrüßung gleich mal die Augen, eine Handlung, um Frauchen ganz sicher so richtig auf die Palme zu bringen. „Was denn jetzt wieder?"

„Wenn ihr die Suppe gegessen habt, warum sind keine Suppenteller und kein Besteck in der Spülmaschine?“

Karla schaute einen Moment irritiert. „Musst du Frida fragen, die ist diese Woche mit der Küche dran.“

„Und du hast keine Erinnerung daran, ob du dein Abendessen gestern von einem Teller eingenommen oder direkt aus dem Topf *getrunken* hast?“

„Nö.“ Karla schüttelte genervt den Kopf, dann fiel ihr auf, dass Frauchen ihr die perfekte Ausrede geliefert hatte. „Äh. Doch. Direkt aus dem Topf. Wir wollten nichts schmutzig machen.“

„Wie lieb von euch.“

Alarmstufe Rot! Merkte das Kind immer noch nicht, auf was für dünnem Eis es sich bewegte?

„Ihr habt also beide aus dem Topf gegessen? Ohne Löffel?“

Karla nickte und ich drückte mich in die äußerste Ecke meines Körbchens.

„Aus dem Nutella-Topf, vielleicht! Der ist nämlich verschwunden!“

„Ja, das Nutella-Glas ist hingefallen, eigentlich wollten wir es dir gar nicht sagen, weil das war eine echt komische Geschichte.“

Oha, das war wenigstens mal was ganz Neues. Die Wahrheit. Außer natürlich, dass die Geschichte nicht so komisch war, schließlich machten die beiden sich, so oft es ging, über das Glas her.

„Also, ich weiß gar nicht mehr, ob es Frida oder ich war, einer von uns hat die Schublade aufgelassen, nachdem wir uns einen gesunden Kräutertee gemacht haben.“

Frauchen und ich schauten beide gleichermaßen interessiert, wohin diese Erzählung führen würde, die so anders war als alles bisher Dagewesene. Normalerweise begannen die Mädchen-Märchen immer mit: „Es war einmal, das war ich nicht."

„Wir haben gelesen und gar nicht auf die Schublade geachtet. Tja, und dann muss Holly da drangegangen sein, die Nutella rausgeholt haben und dabei ist das Glas wohl kaputt gegangen, wir haben nur ein Scheppern gehört. Du weißt, dass sie immer an alles rangeht, ihre Nase reinsteckt und, was sie in ihr Maul kriegt, rauszieht."

Ich schaute Karla ob dieser unglaublichen Lüge fassungslos an. Wie konnte sie mich nur so hintergehen, verraten, beschmutzen?

„Der Hund hat also das Nutella-Glas kaputt gemacht?", fragte Frauchen nach und ich merkte immerhin, dass sie der Geschichte nicht recht Glauben schenken wollte. Wenigstens etwas.

„Ja! Schau sie dir doch an, wie sie guckt, die weiß genau, was sie gemacht hat!"

Frauchen und Karla schauten mich beide an.

„Wie gesagt, wir wollten es dir gar nicht sagen, damit du nicht sauer auf Holly wirst. Sie ist nur ein junger Hund und kann eigentlich nichts dazu."

Das wurde ja immer bunter. Ich begann zu bellen. Bellte all die Geschichten heraus, die ich über Karla und Frida wusste, von denen Frauchen keine Ahnung hatte. Natürlich hörte mir keiner zu.

„Ich kann das kaum glauben, aber da ich das Gegenteil nicht beweisen kann, nehme ich das mal so hin", erklärte Frauchen. „Holly, hör auf zu bellen!", herrschte sie mich an.

„Ja, echt, die hat Nerven! Erst alles kaputt machen und dann hier noch den dicken Macker geben", meckerte Karla. „Das sollten wir uns mal erlauben."

18.

An dieser Stelle muss allerdings angemerkt werden, dass ich in jenen Tagen und Wochen hart daran arbeitete, Frauchen glücklich zu machen, trotz der Verleumdungen von Karla und Frida. Ich blieb mittlerweile ruhig vor der Badezimmertür liegen, wenn sie duschte. Na gut, ruhig, nachdem ich ein paar Mal herzzerreißend geweint hatte.

Ich blieb sogar brav hundeseelenallein und verlassen in meinem Körbchen zurück, wenn Frauchen einkaufen ging *und* die Mädchen in der Schule waren. Ich starb zwar jedes Mal mindestens zehntausend Tode, dass sie nie wieder zurückkommen könnten, aber mein Frauchen-Hundeherz sagte mir, dass sie es doch tun würden. Und tatsächlich! Sie kamen zurück. Alle. Jedes Mal. Was mich nicht davon abhielt, mich wie ein Flummi auf Drogen zu freuen, sobald sie die Tür einen Spaltbreit geöffnet hatten, und erst wieder aufzuhören, wenn sie mich ordentlich durchgestreichelt hatten und sich eine wahre Leckerchen-Sintflut über mir ergossen hatte.

Sogar meinen Widerstand gegen das Autofahren hatte ich aufgegeben. Rein theoretisch war nichts falsch daran, in einem

Auto zu fahren. Rein praktisch musste Hund leider brav neben Frauchen vorne sitzen, während es von den hinteren Sitzen gar köstlich nach Krümeln und Essensresten roch.

Also hatte ich am Anfang angeboten, mir die Zeit im Auto damit zu vertreiben, die Rückbänke zu säubern. Frauchen liebte Ordnung, theoretisch eine absolute Win-win-Situation. Dennoch stieß mein Vorschlag auf wenig Gegenliebe. Ich hatte noch nicht mal die Krümel von Fridas Muffin von vor zwei Wochen aus der Rückbank aufgesaugt, da hatte Frauchen das Auto schon derartig abrupt gestoppt, dass ich gleich mal vom Rücksitz in den Fußraum geschleudert wurde.

Statt sich zu entschuldigen und nach meinem Befinden zu erkundigen – ich war laut Züchter-Regel schließlich noch im Wachstum und meine Knochen äußerst empfindlich –, hatte Frauchen mich einfach wieder nach vorne geholt. Dazu hatte sie drohend etwas in der Richtung gesagt, dass dann die Gitterbox halt in den Kofferraum komme und ich auch da drin mitfahren könne. Ich war allerdings doch recht pikiert, dass es offenbar in Ordnung war, meine zarten Knochen durch eine Vollbremsung roh in den Fußraum zu befördern, während die Welt quasi unterging, wenn ich mal von der Mauer neben dem Haus springen wollte.

Aber gut, ich war, wie Sie bereits wissen, lernfähig. Blieb ich also vorne im Fußraum sitzen. Ich hatte da zum Glück in genau jenem Moment eine Art Kauknochen aus Gummi entdeckt, der recht interessant wirkte. Den hatte ich intensiv bearbeitet, während Frauchen immer mal wieder sagte: „So eine feine Holly. Schau, wie brav du da unten liegst."

Ja, schau. Ging doch. Und dann hatte Frauchen angehalten, war zu meiner Tür gekommen, hatte mich rausgeholt und gesehen, dass der Griff, mit dem man den Sitz nach hinten schieben konnte, komplett zerkaut war. Sie glauben nicht, was das für ein Theater gab. Meine Hundemutter hatte wirklich recht gehabt, Menschen waren komisch. Zwei Minuten vorher war es noch super gewesen, wie brav ich da gesessen hatte.

Wie schon so oft zuvor prallten also auch beim Autofahren zwei Welten aufeinander. Frauchen verlangte, dass ich während der Fahrt brav unten im Beifahrerbereich lag, ich wollte den Hunde-Abenteuerspielplatz mit Selbstbedienungkiosk, genannt Auto, erkunden. Wir einigten uns schließlich darauf, dass ich auf dem Beifahrersitz lag und den Kopf neben den Steuerknüppel legte, sodass Frauchen mich streicheln konnte. Die ganze Fahrt über natürlich.

„Wir können nur von Glück sagen, dass ich einen Automatikwagen fahre“, murmelte sie während jeder Fahrt, was immer das heißen sollte.

Teil 2

Die Junghund-Festanstellung

19.

Ich deutete bereits an, dass die zahllosen Missverständnisse im Zusammenleben von Mensch und Hund unter anderem dadurch entstehen, weil niemand dem Hund was sagt. Rechtzeitig. Der Verteiler „Das passiert als Nächstes im Hundeleben" geht an alle, nur nicht an den Hund.

So hatte ich mehrere Wochen gebraucht, mich in meinem neuen Rudel einzufinden, zu verstehen, dass Menschen alles so kompliziert wie möglich machen und dass man sich eigentlich nur auf eine Sache wirklich verlassen konnte: Egal, was es war, es gab auf jeden Fall eine Regel dafür, die vom Hund und ausschließlich diesem zu befolgen war.

Immerhin, eigentlich hatte ich wenig Grund, mich zu beklagen, ich wurde gefüttert und gestreichelt, genoss lange Spaziergänge, war Frauchens Sonnenschein und hatte nicht wenige unserer Missverständnisse zu meinen Gunsten ausräumen können.

Und plötzlich ging der ganze Spaß von vorne los. Typischerweise hatte mir niemand Bescheid gegeben, dass die ersten Wochen mit Frauchen mehr so eine Art Testlauf gewesen waren. Wir hatten in einer Blase gelebt, in der sich alles um mich gedreht hatte. Dies sollte sich nun ändern. Frauchen ließ diese Blase selbstverständlich ohne jegliche Vorwarnung platzen. Die Probezeit war offenbar beendet, ich hatte die Festanstellung bekommen. Im wahrsten Sinne des Wortes.

„Holly, heute ist ein sehr aufregender Tag. Heute stelle ich dich den Kollegen im Büro vor, denn ab nächster Woche muss Frauchen wieder arbeiten gehen."

Nach einer langen Morgenrunde und Frühstück lag ich gechillt in meinem Körbchen und auf meinem Tagesplan stand ein ausgiebiges Schläfchen. Dennoch öffnete ich pflichtschuldig ein Auge und überlegte, wie ernst ich die eben gehörte Ankündigung nehmen sollte. Kollegen, Büro, arbeiten gehen, all das sagte mir so überhaupt und gar nichts, aber ich war mittlerweile daran gewöhnt, dass ich zunächst nur Bahnhof verstand, wenn Frauchen mir ihre neueste komische Idee präsentierte.

Nicht klar war mir in dem Moment gewesen, dass Frauchen gedachte, ihre Ankündigung sofort in die Tat umzusetzen. Sie scheuchte mich aus meinem Körbchen hoch und brachte mich zum Auto, wo sie mich in den Fußbereich des Beifahrersitzes setzte, wie es sich gehörte, und streng sagte: „Da bleibst du." Während sie um das Auto herumging und einstieg, sprang ich wie gewohnt geschmeidig auf den Sitz. Frauchen schüttelte routinemäßig seufzend den Kopf, während ich meinen erwartungsvoll neben den Steuerknüppel legte. Und los ging es.

Die Fahrt dauerte nicht lange und endete in etwas, das ich nur als einen Autowald beschreiben konnte. Auto neben Auto stand da geparkt, es war dunkel und unheimlich. Ich weigerte mich vorsichtshalber, auszusteigen, Hund wusste ja nie. Frauchen nahm mich auf den Arm und nannte mich eine kleine Schissbuxe. Dann ging sie mit mir zu einer silbernen Tür, die von allein auf und zu ging. Sie tat gut daran, mich nicht auf die

Erde zu setzen, denn keine zehn Pferde hätten mich in den Kasten gebracht.

„Das ist ein Aufzug, Holly, da musst du dich dran gewöhnen."

Musste ich das? Ich zitterte am ganzen Körper und wollte einfach nur zurück nach Hause, wo ich alles kannte. Dies änderte sich allerdings schlagartig, als wir aus dem Ding rauskamen und auf einer Straße standen. Wie es da nach anderen Hunden roch! So intensiv hatte ich das noch nie erlebt. Ich war sofort in höchster Aufregungsstufe und zog an der Leine, wie ich es mindestens seit der Morgenrunde nicht getan hatte. Rechts, links, geradeaus. Ich wusste gar nicht, wo ich zuerst schnüffeln sollte. Frauchen betrachtete mich skeptisch.

„Kannst du mal die Hummeln in deinem Hintern ausschalten, Holly. Die Kollegen denken, du bist vollkommen verrückt. Und geh da von diesem total zugepinkelten Baum weg, der stinkt zehn Meter gegen den Wind, so viele Köter haben da drangemacht. Kein Wunder, wenn es nur vier Bäume für hundert Hunde mitten in der Stadt gibt", murmelte sie, nahm mich wieder auf den Arm und ging mit mir zur Eingangstür eines riesigen Hauses.

Kleiner Spoiler vorweg: Hatte sie nicht was vergessen?

20.

Geirrt hatte sie sich natürlich sowieso, die Kollegen fanden mich super. Also die meisten und mindestens bis zu dem Moment, in dem ich vor lauter Aufregung einen dicken Haufen auf den weißen flauschigen Teppich gleich im Eingang machte. Wie gesagt, Frauchen hatte was vergessen. Regel 4278 des Züchters: Aufgeregte kleine Hunde neigen zu gesteigerter Darmtätigkeit.

Während Frauchen mit Hochdruck den Teppich bearbeitete und sich dabei nonstop entschuldigte, nahm einer der Kollegen mich auf den Arm, ging mit mir zu seinem Schreibtisch, setzte sich hin und zeigte auf einen Bildschirm.

„Schau mal, Holly. Das sind die aktuellen Börsenkurse. Was meinst du, geht es heute rauf oder runter?"

Bin ich Jesus?, dachte ich. Den Spruch hatte ich von Frida, den brachte sie jedes Mal, wenn Frauchen etwas von ihr wissen wollte, worauf sie keine Antwort oder keine Lust hatte. Also immer. Der Typ sah mich fragend an und ich schleckte ihm übers Gesicht, offenbar erwartete er eine Reaktion und ich wollte nicht unhöflich sein nach der Sache mit dem Häufchen.

„Ah, du sagst, die Börsen gehen nach oben. Sehr gut!“, rief er erfreut.

Okay, es war offiziell, Frauchen mochte nicht die hellste Kerze auf der Torte sein, aber der Typ leuchtete quasi gar nicht. Ich hatte nicht mal eine Ahnung, was eine Börse war. Ich begann zu zappeln, ich vermisste Frauchen. Man konnte sie zwar nebenan an dem Teppich arbeiten hören, aber ich wollte sie sehen. Der Typ stellte mich sanft auf die Erde und rief: „Der Hund will zurück zu Frauchen, Caroline.“

Frauchens Enthusiasmus bei meinem Anblick ließ zu wünschen übrig. Die Sache mit dem Teppich schien sie mir richtig übel zu nehmen. Ich setzte mich vor sie und sah sie mit meinem besten „Es tut mir leid“-Blick an.

Frauchen brummte nur vor sich hin. „Das erste Mal im Büro und du kackst auf den Teppich, das kann heiter werden.“

Sie nahm mich vorsichtshalber auf den Arm und ging mit mir durch einen langen Flur an vielen Türen vorbei in ein kleines Zimmer, wo eine merkwürdige Frau an einem Computer saß, die nur kurz nickte, als wir hereinkamen.

„Hallo Vanessa“, grüßte Frauchen betont fröhlich, ich merkte aber, wie sie verspannte.

„Schau mal, Holly, da arbeitet Frauchen ab nächster Woche.“

Ich ahnte Böses, als ich den Tisch mit einem schwarzen Bildschirm darauf sah. Den Mist mit dem Computer kannte ich bereits: keine Aufmerksamkeit für mich. Frauchen saß auch zu Hause dauernd am Laptop und tippte darauf rum.

„Und da ist dein Platz“.

Nein. Ganz. Sicher. Nicht. Ich hatte das Ding vollkommen übersehen, als wir in den Raum gekommen waren, da ich mich auf die komische Frau konzentriert hatte, die uns nun aus den

Augenwinkeln beobachtete. Da stand eine Box. Nicht so schlimm wie die zu Hause, denn die im Büro hatte keine Gitter, sondern war aus so einem schwarzen Stoff. Trotzdem, das Ding hatte eine Tür und ich wusste genau, was Frauchen vorhatte. Wie sagte sie immer so schön, wenn Frida oder Karla etwas wollten, das Frauchen nicht wollte: Eher gefriert die Hölle über.

21.

Die nächsten Tage herrschte eine komische Stimmung bei uns zu Hause, obwohl wir nicht nochmals ins Büro fuhren. Bei Frauchen wirkte mein kleines Missgeschick auf dem Büroteppich nach und sie sah mich immer wieder an, schüttelte den Kopf und murmelte: „Holly, wenn du das machst, wenn der Oberchef da ist, dann kannst du dein teures Futter komplett vergessen. Dann fliegen wir beide in hohem Bogen raus. Wenn ich meinen Job verliere, gibt's nur noch Chappi."

Gerne hätte ich ihr gesagt, dass ich nicht plante, meine Häuflein ab jetzt nur noch auf dem Büroteppich zu machen, aber meine gebellten Versprechungen quittierte sie nur mit einem verständnislosen Blick und den Worten: „Einen Kläffer kann ich im Büro noch weniger gebrauchen. Ich befürchte, wir müssen in der verbleibenden Woche Urlaub, die ich noch habe, eine Menge üben."

Was wir nicht taten. Denn Frauchen hatte sich bereits seit dem Nutella-Glas-Abend auf eine sehr merkwürdige Art verändert. Sie hielt sich zwar nach wie vor an unsere lieb gewonnenen

Routinen aus Spazierengehen, Füttern, Spielen und so weiter, aber sie hatte dabei nonstop ihr Handy in der Hand. Dabei war sie diejenige, die ihre Kinder ständig ermahnte, das Ding mal zwei Minuten wegzulegen, um nicht komplett zu verblöden. Sie erinnern sich an die Sache mit den zwei Messbechern, mehr sage ich dazu mal nicht.

Ich nahm ihr das allerdings auch nicht wirklich übel, da sie von den Ping-Tönen, die das Handy dieser Tage ständig während unserer Spaziergänge von sich gab, so wunderbar abgelenkt war, dass ich in Ruhe alles wegschnüffeln und probieren konnte, was am Wegesrand rumlag. Im Haus war es nicht anders, es ging sogar so weit, dass sie vor lauter „Mit verklärtem Blick auf das Handy"-Starren nicht mitbekam, wie ich eine kurze, aber intensive Freundschaft mit ihrem Schinkenbrot schloss.

Das arme Ding lag eines schönen Morgens ganz allein und vergessen auf seinem Teller auf dem Couchtisch neben ihr. Ich wusste natürlich, dass das streng verboten war, mich mit Menschennahrung anzufreunden, und hielt mich normalerweise strikt an meine Vorgaben. Also meistens. In dem Fall allerdings hatte Frauchen bereits eine gefühlte Ewigkeit mit verzücktem Gesicht auf ihrem Handy rumgetippt und das Schinkenbrot, der miese Verräter, hatte mich die ganze Zeit angeschaut und gerufen: „Holly, iss mich. Sie hat mich extra für dich gemacht. Komm schon, ich schmecke köstlich. Lass mich dein Freund sein. Die geben dir doch sonst nur die faden Brocken. Das eine Mal! Und wirklich, sie isst mich gar nicht selber, siehst du doch. Schau sie dir an, nur am Handy, die Frau. Sie hat mich für *dich* frisch zubereitet. Wirklich. Damit du ein bisschen entschädigt wirst dafür, dass sie sich so gar nicht um dich kümmert. Lass uns Freunde sein und zusammen in dein Körbchen gehen."

Irgendwann hatte ich dem Brot geglaubt. Ich war schließlich

nur ein junger Hund und leicht zu beeinflussen. Ich war also auf leisen Pfoten zu dem kleinen Tisch neben der Couch geschlichen, auf der Frauchen lag und auf ihrem Handy rumtippte. Ich hatte sie lange angesehen und sie hatte gelächelt. Gut, nicht direkt in meine Richtung, aber das war Interpretationssache. Man konnte das schon als ein „Gerne Holly, nimm dir, was du möchtest“ sehen.

Ich legte also meine Vorderpfoten vorsichtig auf die Tischkante und zog sanft, aber bestimmt das Brot auf den Boden, wo ich es mit Mühe komplett in mein Maul nahm und zu meinem Körbchen lief. Geschafft! Etwas weniger als eine Sekunde lang hatte ich ein schlechtes Gewissen, dann übermannte mich das feine Aroma des Schinkens und ich begann zu kauen. Ich schloss die Augen, kaute und genoss jede Faser meines unvermuteten Snacks. Wie gesagt, es war eine kurze, aber sowohl intensive als auch geschmackvolle Freundschaft.

Als ich die Augen wieder öffnete, saß der Eddie vor mir. Sein Gesichtsausdruck zwischen Bewunderung und Mitleid schwankend. Im gleichen Moment hörten wir, wie Frauchen vom Sofa aufstand. Eddie zuckte leicht mit seinen Schnurrhaaren, als könne er den Sturm in ihnen spüren, der da gerade sicherlich aufzog. Er warf mir einen dieser Blicke zu, die nach „mach’s gut alter Freund, das war’s jetzt“ aussahen und verzog sich unter den Küchentisch.

Ich machte mich derweil so klein ich konnte in der Ecke meines Körbchens. Es war gut möglich, dass Frauchen mich da übersehen würde. Nein, was machte ich mir vor? Sie würde mit mir schimpfen, mich einen furchtbaren Hund nennen und die nächste Woche nur mit den Worten „Oh, da ist ja der Schinkenbrotdieb“ anreden.

Doch, es gab noch Wunder auf dieser Erde. Frauchen lächelte mir freundlich zu, ging zur Spülmaschine, stellte den leeren Teller hinein und seufzte.

„Holly, dein altes Frauchen ist so was von verliebt.“

Keine Ahnung, was verliebt war, aber ich fand es ganz fabelhaft, wenn es sie denken ließ, dass sie das Brot selber gegessen hatte. Leider hatte ich in dem Moment keine Vorstellung, dass dieses Verliebtsein noch ganz andere Effekte auf uns alle haben würde.

22.

Arbeiten gehen war übrigens etwas ganz Großartiges. Keine Ahnung, warum Frauchen da vorher so ein Theater drum gemacht hatte. Gut, wir mussten einige grundlegende Dinge zu Beginn klären, aber das war zu erwarten gewesen.

An Frauchens erstem Arbeitstag nach vier Wochen Welpen-Isolation, wie sie es nannte, standen wir früh auf. Schon mal gut. Wir machten einen langen Spaziergang. Noch besser. Ich bekam sofort danach mein Futter. Perfekt. Und dann setzte Frauchen mich ins Auto und los ging es. Meine Panik in dem Blechteil, das Frauchen Aufzug nannte und mit dem wir aus dem Autowald, der Parkhaus hieß, hinunterfuhren, war nicht ganz so prickelnd, aber gut, wahre Perfektion gibt es eben nicht. Als Ausgleich machten wir erst mal einen Spaziergang, was ich sehr begrüßte und mir zeigte, dass Frauchen ebenfalls lernfähig war.

Sie ging mir allerdings mit ihrem ständig gezischten „Schön Kacka machen, Holly. Wir wollen nicht wieder auf den Teppich machen“ mächtig auf die Nerven, zumal ich mich fragte, ob sie auch schon mal auf den Teppich gemacht hatte, oder wie das

„wir“ zu bewerten war.

Aber egal. An den wenigen Bäumen in der Arbeitsstraße roch es so was von gut nach anderen Hunden, dass ich wie im Himmel war. Das war sozusagen Hundegeruch XXL oder Hundekonzentrat, meine Nase war ab dem zweiten Baum ungefähr so überfordert wie die von Frauchen, als wir neulich im Kaufhaus waren, um ein neues Arbeitsparfüm für sie zu kaufen. Nachdem sie sich mindestens zehn aufgesprüht hatte, hatte sie nur noch gestöhnt: „Ich riech gar nix mehr.“

Viel zu schnell spürte meine sensible Hundeseele allerdings, wie Frauchen immer nervöser wurde, was sie dezent mit Blicken auf die Uhr und „Kacki. Kacki machen!“-Aufforderungen mehr als nur andeutete. Sie sprach mittlerweile derartig laut, dass die ersten anderen Passanten begannen, sich nach uns umzudrehen. Ich drückte mir schließlich mit großer Kraftanstrengung ein Häuflein raus.

„Habe ich doch gewusst, dass du musst!“

Ja klar. Ich musste null, das war ein Liebesbeweis! Morgen würde ich sicher Po-Muskelkater haben.

„Komm, Holly, dann wollen wir mal unseren ersten Arbeitstag beginnen.“

Mit diesen Worten nahm sie mich auf den Arm und ging mit mir wieder zu dem großen Haus.

„Holly, das ist ein ganz feines Haus, ein toller Berliner Altbau, hier darf man keine Unfälle haben. Vor allem nicht auf dem schicken roten Teppich auf der Treppe“, erklärte Frauchen mir, was mich kurz verwirrte.

Bislang war die Regel doch wohl gewesen, dass man nirgendwo Unfälle haben sollte. Galt das nicht mehr? Konnte ich ab sofort überall hinpinkeln, wo ich wollte, solange es nicht der rote Teppich im Treppenhaus des feinen Altbaus war? Verlockendes Angebot, das ich aber lieber erst mal nicht annahm. Wenn ich eins gelernt hatte, dann, dass Frauchen sich gerne missverständlich ausdrückte und hinterher alles ganz anders gemeint gewesen war.

Nachdem wir die erste lange Treppe überwunden hatten, stiegen wir in die Fahrstuhl-Blechbüchse, die im Gegensatz zu der im Parkhaus golden glänzte und ebenfalls einen roten Teppich hatte. Ich machte mir eine kurze Kopfnotiz, dass man da wahrscheinlich ebenfalls nicht reinpinkeln sollte, weil roter Teppich. Kurz darauf betraten wir Frauchens Büro und sie setzte mich auf die Erde. Ich kam nicht dazu, zu überlegen, was ich als Nächstes tun sollte, da kam schon der Typ vom letzten Mal, der mir einen von der Börse erzählt hatte, und rief euphorisch: „Da ist unser Bürohund!"

Ich legte mich auf die Erde und ließ mich ausgiebig von ihm streicheln. Dann kam der nächste Kollege. Danach eine Kollegin. Eine kleine Begrüßungsschlange bildete sich, die ich auf dem Rücken liegend, Bauch präsentierend und schwanzwedelnd geduldig abarbeitete. Irgendwann wurde es allerdings Frauchen zu bunt und sie erklärte, wir müssten jetzt mal an den Schreibtisch.

Mussten wir? Also ich nicht. Ich fand das eigentlich ganz nett, da auf dem Boden liegen und mich kuscheln lassen. Trotzdem ging ich natürlich mit Frauchen mit. Sie war meine große Liebe, so jemanden verlässt Hund nicht für irgendeinen dahergelaufenen Kollegen. Leider wurde meine Liebe auf dem Weg in Frauchens Büro, das ganz am Ende der riesigen Altbau-Wohnung lag, mehrfach auf die Probe gestellt. Aus jeder Tür, an der wir vorbeigingen, kam jemand herausgeschnellt und wollte mich streicheln. Und ich wollte natürlich nicht unhöflich sein. Ein gutes Verhältnis zu den Kollegen ist wichtig bei der Arbeit. Hatte Frauchen selber gesagt.

„Holly, du bist der Superstar, aber wenn das jeden Morgen so geht, müssen wir eine halbe Stunde früher aufstehen“, seufzte Frauchen schließlich genervt.

23.

Ich lernte im Büro viel über Menschen. Eigentlich sind sie wie Hunde. Komplizierte Hunde. Oder anders gesagt, das Menschenrudel, das Frauchen ihre Arbeitskollegen nannte, unterschied sich in nichts von einem Hunderudel mit Sonderwünschen. Die meisten der Kollegen waren nett und freundlich. Natürlich gab es den einen, der besonders laut war und im Mittelpunkt stehen musste. Einer musste überall seine Nase reinstecken, damit er nichts verpasste. Zwei waren etwas ruhiger, wenn man mit denen spielen wollte, musste man sich anstrengen und sie auffordern. Einer war der Leitwolf, wenn der was sagte, war Ruhe. In Frauchens Büro war der Leitwolf ein derartiges Alpha-Tier, dass er gar nicht vor Ort sein musste, und alle machten trotzdem, was er sagte. Tja, und dann war da noch die schlecht gelaunte Rudelzicke, die keinen mochte und daraus auch keinen Hehl machte. Leider saßen wir mit der Zicke in einem Büro.

Wie schon bei unserem ersten Besuch im Büro würdigte mich die Frau, die am Schreibtisch gegenüber von Frauchen saß, auch an meinem ersten Arbeitstag keines Blickes. Das konnte ich allerdings auch und nicht-würdigte zurück, indem ich alles abschnüffelte, was mindestens eine Hundelänge von ihr entfernt war.

„Guten Morgen, Vanessa. Wie ist es dir in der letzten Woche ergangen, während ich im Urlaub war. Hoffe, du hattest nicht allzu viel zu tun?“

Frauchens pirschte sich mit ihrer freundlichen Begrüßung vorsichtig an die Rudelzicke heran, blieb aber lieber mit angemessenem Abstand vor ihr stehen. Hätte ich an ihrer Stelle nicht anders gemacht und machte es auch nicht. Entgegen meiner sonstigen Art begrüßte ich die Zicke nicht und blieb mitten im Raum stehen, was Frauchen mit einem irritierten Blick quittierte. Die Frau da hinter dem Schreibtisch, die war mir nicht geheuer.

„Guten Morgen. Es ging. Es war sehr viel zu tun.“

Die Rudelzicke hatte die Zähne nicht gefletscht, aber wenn sie ein Hund gewesen wäre, die Nackenhaare wären eindeutig aufgestellt gewesen. Tja, und das war der große Unterschied zwischen Hunden und Menschen. Während ich mich mal lieber auf meinen Popo setzte und Abstand wahrte, wurde Frauchen forsch. Und das sollte man bei Zicken niemals werden.

„Na ja, nun bin ich wieder da, wetten, jetzt ist auf einmal nichts mehr zu tun.“

Ganz gefährlich. War Frauchen womöglich der Rudel-Trottel, der nicht mitbekam, wenn es gefährlich wurde und der stumpf weiterspielen wollte? War Frauchen etwa … ein Labrador?

Ich musterte die Frau, die ich abgöttisch liebte. Bislang war sie eindeutig die Rudel-Chefin gewesen, hatte Frida, Karla, mich und gelegentlich sogar den ollen Edgar mehr oder weniger mühelos unter Kontrolle. Aber das war natürlich nicht in der freien Wildbahn gewesen. Da galten andere Gesetze. Gesetze, die

Frauchen nicht zu kennen schien. Zwei Millionen Züchter-Regeln hatte sie verinnerlicht, aber wenn es ihr selber an den Kragen ging, lief sie wie der Rudel-Trottel ohne jegliche Deckung zur Wurst.

„Das mag sein, Caroline.“ Jedes Wort der Rudelzicke war wie ein Messerstich. „Für dich. Die meisten Aufgaben werden schließlich sowieso mir übertragen. Die Kollegen wissen warum.“ Mit diesen Worten wandte Vanessa sich wieder ihrem Bildschirm zu.

Ich sah Frauchen an, die mich auf den Arm nahm, als wäre nichts geschehen. Eindeutig. Labrador.

„So, und die kleine Holly geht jetzt mal in ihre Box“, säuselte sie mir ins Ohr. Ein Labrador mit Hang zur Selbstüberschätzung. Vollkommen typisch. Dass mir das vorher nicht aufgefallen war.

Es tat mir im Herzen weh, meinem geliebten Frauchen den nächsten Tiefschlag zu versetzen, aber in die Box ging ich ganz gewiss nicht. Das mussten wir wohl endgültig und ein für alle Mal klären. Mir war klar, dass die Zicke uns aus den Augenwinkeln beobachten würde, ich musste diplomatisch vorgehen, um Frauchen nicht den letzten Rest ihrer Bürowürde zu nehmen.

Ich ließ mich also brav in die Box setzen, überschwänglich loben, wartete, bis Frauchen auf ihrem Bürostuhl saß und sich ihrem Computer zuwandte, bevor ich aus der Box herauslief. Direkt zu Frauchen, wo ich mich hinsetzte und sie mit meinem schönsten herzzerreißenden Blick ansah.

„Holly, Mausi. Ich bin so ein schlechtes Frauchen. Du hast Durst. Hat das böse Frauchen dir nichts zu trinken hingestellt.“

Das Letzte, was ich hatte, war Durst, aber Hauptsache, die Zicke hatte nicht den Eindruck, dass ich meinem Frauchen nicht folgte. Das Rudel musste gegen die Zicke zusammenhalten. Alte

Hundeweisheit.

Wir gingen in die Büroküche, wo ich als Nebenprodukt meines genialen Schachzugs ein paar Streicheleinheiten von einem zufällig anwesenden Kollegen abgriff, ich trank pflichtschuldig ein paar Schlucke Wasser, schließlich wurde ich zurück in die Box gelegt. Liegen war allerdings kein guter Zustand für die Fortführung meines Planes. Ich war so unglaublich müde, dass ich versucht war, meinen Kopf gegen die Boxenwand zu halten, um nicht umzufallen. Mit äußerster Willensanstrengung schaffte ich es, nicht einzuschlafen, bis Frauchen wieder an ihrem Platz saß. Ich schleppte mich vor die Box, achtete dabei peinlich genau darauf, eine Pfote im Inneren zu lassen, da ich den wachsamen Blick der Zicke auf mir spürte und sie nicht denken sollte, ich hätte entgegen Frauchens Befehl etwa die Box verlassen. Und weg war ich im süßen Reich der Hundeträume. Frauchen war auf sich allein gestellt.

24.

Es gelang mir in den folgenden Tagen, das Büro-Gefängnis geschickt zu umgehen, und es bürgerte sich ein, dass ich – eine Pfote die Box berührend – schlief, während Frauchen arbeitete und die Zicke mich kritisch aus den Augenwinkeln beobachtete. Ich war sicher, sie wartete auf einen Fehler von mir. Aber da konnte sie lange warten.

Den Fehler machte der Beagle unter den Kollegen – Boris, der Börsenjongleur vom ersten Tag. Dabei stellte sich der Beagle-Boris so was von blöd an, dass er es schaffte, nicht nur die Zicke, sondern auch Frauchen gegen sich aufzubringen. Na ja, was sollte man von einem Beagle anderes erwarten. Dickköpfige Chaoten mit so viel Energie, dass sie es sogar schaffen, einen Flattie zu nerven. Und DAS will wirklich etwas heißen, ein echter Flat Coated Retriever hat selber so viel Energie, dass er eigentlich „unnervbar" ist.

Egal, ich wollte vom Kollegen Boris erzählen, der beim ersten Besuch mein Börsenwissen getestet hatte. Dieser Boris kam ungefähr vier- bis fünfmal pro Tag in unser Büro, wo ich friedlich schlief, Frauchen arbeitete und die Zicke misstrauisch auf

Fehler der anderen lauerte und dabei an trockenen Crackern nagte.

Schon im Flur kündigte Boris sein baldiges Eintreffen mit einem trompeteten „Wo ist denn meine Holly?“ an.

Nur kurz erwähnt, wir befanden uns in einer Vermögensverwaltung und ich fragte mich wirklich, welcher Mensch so blöd war, einem Beagle, äh, dem Boris, sein Geld anzuvertrauen? Mal ehrlich, wo war ich wohl? Neben meiner Box in Frauchens Büro.

Bevor ich nur schlaftrunken den Kopf heben konnte, hatte Boris sich für gewöhnlich bereits auf mich gestürzt und kraulte meinen Bauch. Was mich selbstredend nicht störte. Aber Frauchen. In dem Fall konnte ich sie sogar verstehen. Schließlich lebten wir weiterhin nach den heiligen Züchter-Geboten und was besagten die? Genau, ich musste sofort raus, sobald ich aufwachte. Zu Hause war das kein Problem gewesen, der Weg vom Wohnzimmer zum Mini-Park, mittlerweile auch als der Vorgarten bekannt, betrug wenige Meter. Ich war sogar in die Vertrauenskategorie „Den Weg kann Holly selber laufen, ohne zu pinkeln“ aufgestiegen.

Für den langen Weg aus der Bürobox bis zum Bürgersteig reichte dieses Vertrauen noch nicht. Ich nehme an, die Sorge um rote und weiße Teppiche spielte keine unwesentliche Rolle dabei. Sobald Boris mich also geweckt hatte, hieß es für Frauchen hektisch ihre Jacke anziehen und den Schlüssel krallen. Ich kam auf den Arm und los ging die wilde Jagd durch das gesamte Büro, mit dem Fahrstuhl nach unten fahren, die Eingangstreppe runterlaufen, die schwere Eichenhaustür aufstemmen, noch eine kleine Treppe runtergehen, um mich endlich schwer stöhnend auf den Bürgersteig zu setzen.

„Ich hasse Boris!“, erklärte sie jedes Mal voller Inbrunst,

während ich mich hinsetzte und laufen ließ.

Um ehrlich zu sein, hätte ich mein Pipi mittlerweile durchaus nach dem Aufwachen einhalten können, und das nicht nur für ein paar Minuten. Ich wusste nur nicht, wie ich Frauchen das beibringen sollte, ohne ihre Gefühle zu verletzen. Die Frau machte diesen ungeheuren Aufriss und dann kam nichts? Das brachte ich nicht übers Herz.

Nach einer Woche im Büro war es schwer zu sagen, wer von uns beiden mehr hoffte, dass Boris sich das Bein brach und mindestens sechs Wochen nicht zur Arbeit kommen konnte. Frauchen oder meine Blase, die vom ganzen Drücken schon komplett gereizt war.

Na gut, es war eindeutig Frauchen, da der Boris, ganz Beagle eben, auch null hörte. Der brauchte wirklich sehr einen erfahrenen Hundeführer. Frauchens mit Betonung ausgesprochenen Worte, dass der Hund WIRKLICH jedes Mal nach dem Aufwachen müsse, ließen ihn kalt, wie so vieles andere auch, was Frauchen versuchte, ihm beizubringen.

So hatte sie ihm zum Beispiel mehrfach eingeschärft, mir bloß nichts zu fressen zu geben, wenn er sich in der Büroküche, die praktischerweise direkt neben unserem Büro lag, etwas zu essen machte. Der Boris – ganz Beagle oder in dem Fall ganz Hund – liebte dummerweise regelmäßige Mahlzeiten und war daher praktisch immer in der Küche. Dort klapperte er lautstark mit den Besteckschubladen, riss Verpackungen auf, bis er zum krönenden Abschluss rief: „Ja, kommt denn meine Holly nicht?“

Man muss kein Hundekenner sein, um zu wissen, dass ich spätestens bei dieser Aufforderung nicht mehr widerstehen konnte und in die Küche rannte, wo Boris mir als Belohnung ein Stück Wurst gab. Dabei grinste er mich verschwörerisch an und flüsterte: „Aber nicht Frauchen sagen."

Natürlich nicht. Frauchen war bekanntermaßen taub und blind und hatte selbstverständlich von seiner kleinen Aktion nichts mitbekommen.

Selbst nachdem Frauchen mir eines Tages lautlos wie eine Wildkatze nachgeschlichen war, um just in dem Moment, in dem Boris mir die Wurst vors Maul hielt, ein konsequentes „Nein!" zu brüllen, stellte er sein Treiben nicht ein. Dabei zitterte er noch zwei Minuten nach Frauchens Schrei wie Espenlaub vor Schreck. Er änderte allerdings seine Taktik und stand nun selber im Flur für seine geplante Missetat Schmiere, wenn er mir meine Wurst gab.

Doch Frauchen war nicht die Einzige, der Boris, der Beagle, fürchterlich auf die Nerven ging. Die Rudelzicke war auch genervt. Allerdings aus einem anderen Grund: Niemand beachtete sie mehr.

Auch hier waren die Ähnlichkeiten zwischen Menschen- und Hunderudel eindeutig. Im Hunderudel lief jedes Mitglied immer mal wieder zur Zicke oder zumindest an ihr vorbei, um abzuchecken, wie schlecht die Stimmung war. So musste es in der Vor-Holly-Zeit auch in Frauchens Büro gewesen sein. Die Kollegen waren im Verlaufe eines Arbeitstages immer mal wieder in das hintere Arbeitszimmer gekommen und hatten der Zicke ihre Aufwartung gemacht, um nicht irgendwann hinterrücks von ihr überfallen zu werden.

In das Büro kamen sie immer noch, allerdings kamen sie jetzt wegen mir. Die Rudelzicke war von einem süßen Hundewelpen abgelöst worden. Auch ohne tiefenpsychologische Kenntnisse konnte man sich denken, dass ihr das nicht gefiel.

„Ich wollte nur mal schauen, was die Kleine macht."

„Mir ist gerade der Computer abgestürzt, ich brauchte einfach was fürs Herz.“

„Ich mag eigentlich lieber Katzen, aber Holly ist sooo süß!“

So oder so ähnlich ging es den ganzen Tag lang, wobei die meisten von Frauchens Mitarbeitern – im Gegensatz zu Boris – die goldene Regel, ich wecke keine schlafenden Hunde, akzeptierten. Leider kannten sie die Platin-Regel dagegen offenbar nicht: Ignoriere niemals die Rudelzicke. Dafür, dass meine Groupies seit Jahren in ihrem Bürorudel zusammenlebten, waren sie schon recht naiv.

Nachdem sie sich die Aufwartungen meines Hofstaats, wie Frauchen die Kollegen schon bald scherzhaft nannte, ein paar Tage lang angeschaut hatte, begann die Rudelzicke, ihren Kopf hinter dem Computer hervorzustrecken, sobald jemand den Raum betrat, und zischte: „Hier geht es zu wie in einem Taubenschlag.“

Nachdem ich die Einzige war, die diese Worte als Warnung zu verstehen schien, legte sie einige Tage später einen drauf. „Nicht viel zu tun dieser Tage, was? Man könnte das Gefühl haben, wir seien überbesetzt hier im Berliner Büro.“

Aber auch das konnte den Besucherstrom nicht stoppen. Also gab die Zicke auf. Nach außen. Sie und ich wussten, dass sie niemals aufgeben würde. Zicke war Zicke und blieb Zicke. Sie saß hinter ihrem Computer und schmiedete einen Plan, während die Kollegen mich streichelten und mit Frauchen vollkommen unbeschwert über ihren Hund schwätzten.

25.

Der aufmerksame Leser ahnt bereits, dass die Arbeitswelt nicht die einzige Herausforderung war, die ich nach dem Platzen der „Nur Frauchen und Holly"-Blase bewältigen musste. Nein, auch zu Hause standen die Zeichen auf Veränderung. Und nicht zum Guten. Für mich. Was natürlich nur daran lag, dass Menschen so absolut unersättlich sein müssen. Nie können sie von etwas genug haben. In diesem Fall sprechen wir von der Liebe. Wir erinnern uns, mein Frauchen war verliebt und ich sollte bald merken, was das bedeutete.

Meine ganz große und einzige Liebe auf dieser Welt war Frauchen. So viel stand fest. Für sie hätte ich alles getan. Egal was. Außer auf Futter verzichten. Obwohl, vielleicht sogar das. Ich betete oft zu den Hundegöttern, dass sie mich nie vor diese Entscheidung stellen würden. Gleich nach Frauchen und Futter kamen Frida und Karla, der Eddie, dann alle Hunde (außer den Zicken), Fuchsi und schließlich alle anderen Menschen. Ja, ich hatte ein großes Herz, aber die absolute, lebenslange Nummer eins war und blieb Frauchen. Es war mit Erschütterung, als ich eines Tages feststellen musste, dass meine

Gefühle für sie von ihr nicht erwidert wurden. Zumindest nicht so eindeutig, wie Hund es erwarten durfte.

„Weiber, echt!"

So oder so ähnlich drückte Frauchen es gerne aus, wenn die beiden Pubertiere mal wieder schmollten, stritten oder aus unerfindlichen Gründen mit den Augen rollten oder Tränen kullern ließen. Ja, in unserem Haus gab es einen Frauenüberschuss, und das nicht erst, seitdem ich eingezogen war.

Theoretisch war der Eddie der einzige Kerl in der Bude, wobei man dem wohl seine Männlichkeit weggeschnitten hatte, was ihn aber null daran hinderte, ständig den Macho raushängen zu lassen. Dabei war der mehr Gefangener als ich. Der Edgar durfte gar nicht raus. Ich sah die Außenwelt wenigstens an Stricke gefesselt.

„Pass auf, der Eddie kommt", posaunte Frauchen jedes Mal, wenn es an der Tür klingelte, jemand rein- oder rausging oder die Balkontür geöffnet wurde. Bei uns war praktisch immer Orchesterprobe.

Der Einzige, den das vollkommen kalt ließ, war natürlich der Eddie selber. Nun wissen wir bereits, dass Menschen ganz gerne obsessiv werden, wenn es um ihre Haustiere geht, warum sollte das bei einem dicken alten Kater anders sein als bei mir? Ich persönlich habe den Eddie nicht ein einziges Mal bei einem Fluchtversuch beobachtet. Aufgeschreckt von Frauchens Alarmschreien ging er zwar pflichtschuldig zur Tür, guckte interessiert, um dann in der Küche ein Leckerchen abzugreifen, weil der arme Schatz nicht raus durfte. Dann ging er wieder schlafen.

Soweit ich es verstanden hatte, war dem Edgar die Freiheit verwehrt worden, da er sich früher als Freigänger ständig geprügelt hatte. Das wunderte mich nicht. Der Eddie war mittlerweile dreizehn und immer noch nonstop auf Krawall gebürstet. Als

Hund konnte ich damit umgehen. Man lernt im Rudel schließlich, dass der „Grummel" der Runde immer nur so tut, eigentlich sind die herzensgut. So auch der Eddie, der sofort mit seiner Pfote nach mir schlug, wenn ich begann, ihn abzuschlecken, was ich jedes Mal tat, wenn ich ihn sah. Ich wusste schließlich, dass er die Krallen nicht ausfuhr. Frauchen dagegen wurde sofort leichenblass und vermutete, dass ich dieses Mal mindestens ein Auge verloren haben musste.

Wobei mit dem Begriff herzensgut sollte ich vielleicht, wenn es um den Eddie ging, nicht so um mich werfen. Dieser Kater machte es unseren Menschen schon eher schwer. Seine Spezialität war es, sich hinter Türen und Ecken zu verstecken, um herauszuspringen wie ein Teufel aus der Kiste, wenn ein Mensch vorbeiging. Besonders bei Karla und Frida, die meistens auf ihr Handy starrend durch die Gegend liefen, stieß dies auf wenig Gegenliebe. Im Gegenzug waren es allerdings die beiden, die aus dem Lachen nicht mehr herauskamen an dem Tag, als Frauchen, beladen mit einer Schüssel Chips und einer Schüssel Schokozeug, ins Wohnzimmer gehen wollte und der Eddie plötzlich zwischen ihre Beine sprang. Frauchen geriet ins Straucheln, wankte nach rechts, dann nach links, immer die Schüsseln balancierend, bevor sie schließlich im Zeitlupentempo auf die Erde krachte, es dabei aber fertigbrachte, beide Schüsseln zu retten und keinen einzigen Chips zu verlieren. Der Eddie hatte sich derweil ganz ruhig vor sie gesetzt und schaute sie mit seinen großen grünen Augen an, als warte er auf eine Entschuldigung, dass sie über ihn gefallen war.

Eddie war also der einzige Mann in unserem Haus. Was ich nicht ahnte und mir mal wieder niemand rechtzeitig mitteilte, war, dass das nicht so bleiben sollte. Aus Gesprächsfetzen hatte ich entnommen, dass es früher wohl mal ein Herrchen gegeben haben musste. Aber den hatten sie nicht mitgenommen, als Frauchen, Karla, Frida und der Eddie in das neue Haus gezogen waren. Hatte sich wohl nicht ordentlich benommen, das alte Herrchen.

Und dann begab es sich eines schönen Tages, dass uns ein Mann besuchte. Frida und Karla waren in der Schule und im Anschluss mit Freundinnen verabredet. Was nichts Ungewöhnliches war, aber an diesem Morgen fragte Frauchen mehrfach nach, ob sie wirklich nicht vor dem Abend nach Hause kämen. Überhaupt war Frauchen ganz merkwürdig. Es war Dienstag, ihr freier Tag von der Arbeit, und es fing schon damit an, dass sie nach dem Aufstehen nur eine Mini-Runde mit mir drehte. Dann setzte sie sich an den Computer und tat, als würde sie an ihrem nächsten Krimi schreiben, aber ich habe natürlich gesehen, dass sie die ganze Zeit Löcher in die Luft geguckt hat und dabei immer nervöser wurde.

Irgendwie fühlte ich mich verpflichtet, auch nervös zu werden, obwohl ich keine Ahnung hatte, was los war. Das war eben echte Liebe, wenn Frauchen aufgeregt war, war ich aufgeregt. Wenn sie traurig war, war ich traurig. Wenn sie fröhlich war, ja dann war ich extra fröhlich. Ich trappelte also alle zwei Minuten zu Frauchen und stupste sie aufgeregt-vorsichtig mit meiner schwarzen Nase an, ob jetzt endlich was passieren würde. Nach ungefähr zehn „Geh mit deinem nassen Lakritz-Rüssel weg“ kam endlich das ersehnte „Okay Holly, wir gehen raus. Du machst jetzt den längsten Spaziergang deines kleinen Lebens.“

Och, das klang nicht so schlecht, überlegte ich und fragte mich, warum Frauchen deswegen so nervös war. Vielleicht, weil wir laut Züchter-Gesetzbuch erst bei zwanzig Minuten Spaziergang am Stück angekommen waren.

„Pro Lebensmonat fünf Minuten Spaziergang!“ Ich weiß

nicht, wie oft ich Frauchen dieses Gesetz hatte herunterbeten hören. Das ging so weit, dass ich als Hund verstanden hatte, dass fünf Minuten mal vier Monate zwanzig Minuten Spaziergang ergaben.

Doch an diesem Vormittag wurden aus den zwanzig Minuten erst vierzig und dann eine ganze Stunde. Im Park durfte ich sogar ein bisschen von der Leine, wobei natürlich sofort ein hysterisches „Holly, komm zurück“ erschallte, kaum war ich mehr als zwanzig Zentimeter von Frauchen entfernt. Außer, dass der Strick in ihrer Hand und nicht um meinen Hals war, also kein Unterschied zu sonst.

„So, auf nach Hause, wir waren weit über eine Stunde unterwegs, das dürfte reichen“, erklärte Frauchen plötzlich und zack hatte ich den Strick wieder um und wir trotteten heimwärts. Ich musste zugeben, ich war echt müde.

Natürlich war ich nicht zu müde, Frauchen schmerzhaft zu vermissen, während sie unter der Dusche stand, woran ich mich eigentlich gewöhnt hatte. Aber mitten am Tag? Das hatte es noch nie gegeben! Sonst duschte sie morgens als Erstes. Nervös war sie auch immer noch. Und während sie sich mit irgendwelchen Stiften im Gesicht rum malte und so komische Bürsten in ihren Haaren hatte, schmiss sie mir die ganze Zeit Fuchsi durchs Zimmer, damit ich ihn ihr zurückbringen konnte.

Das war Obersupersonder-Klasse, aber ich bekam es langsam mit der Angst zu tun. Vielleicht war Frauchen endgültig durchgedreht? Oder hatte etwa sie sich diese Tollwut eingefangen, gegen die der Tierarzt mich extra geimpft hatte? Warum hatte der Frauchen nicht gleich mitgeimpft? Bei Tollwut drehte man doch komplett durch, oder hatte ich da was falsch verstanden?

In meiner Sorge kämpfte ich wirklich wie ein Löwe, aber es

war ein vergeblicher Kampf. Ich fiel, Fuchsi im Maul, auf dem Rückweg zu Frauchen einfach um und schlief ein.

26.

Wie lange ich geschlafen hatte, weiß ich nicht, aber plötzlich klingelte es und ich schreckte aus meiner Erschöpfung hoch.

„Schön bleiben, Holly“, befahl Frauchen mir, aber da kannte sie mich schlecht.

Unmöglich konnte ich sie allein zur Tür gehen lassen, die Frau war bunt angemalt und trug Schuhe, die auf den Fliesen klackerten. Dazu eine saubere Hose. So hatte ich sie in den ganzen Wochen, die ich bei ihr war, zu Hause noch nie gesehen. So fein gemacht ging sie nicht mal ins Büro! Nicht, dass, wer auch immer da vor der Tür stand, sie erschoss, weil sie diese Tollwut hatte. Frauchen hatte Karla erklärt, dass ich gegen Tollwut geimpft werden müsse, weil es auch in Berlin Wildtiere gebe, die das hätten und die würden erschossen, wenn man sie fände. Ich rannte hinter ihr her und kam gerade rechtzeitig, um einen Mann zu sehen, der freundlich lächelte und ins Haus kam.

Besuch! Juhuuu. Ich mobilisierte meine letzten Kraftreserven, obwohl ich immer noch total fertig von unserem Ausflug mit Überlänge war. Ich liebte Besuch und Besuch liebte mich.

So schlimm würde Frauchens Tollwut schon nicht sein, außerdem war ich geimpft.

„Ist die süß."

„Nein, wie goldig."

„Was für ein hübscher Hund!", ging es in einer Tour, wenn Besuch kam. Manche brachten mir sogar extra was Feines zu fressen oder ein Spielzeug mit.

Doch der Typ war irgendwie anders. Der war nur an Frauchen interessiert. Hallo? Na gut, sie sah mit der ganzen Farbe im Gesicht nicht schlecht aus, aber trotzdem, der beachtete mich nicht mal. Was war das hier? Eine Tollwut-Party? Also, wenn der mir so kam, konnte ich auch anders. Ich biss ihn mit viel Elan in die Schuhe.

„Holly!" Frauchen war total entsetzt. „Das hast du ewig nicht mehr gemacht!"

Sie hob mich vom Boden auf und sah mich streng an. „Das geht gar nicht!" Dann sah sie den Mann an. „Und das ist also das Hundebaby, das mich zurzeit auf Trab hält."

Der Typ lächelte mich an, sah dabei aber nicht so wirklich glücklich aus.

„Sehr süß", sagte er und tätschelte meinen Kopf kurz.

Was war der denn für ein Nieselprim? Der war ja schlimmer als Frauchen, wenn sie richtig stinkig war. Frauchen setzte mich wieder auf die Erde, wo ich meine beste „Ich bin ein süßer Welpe"-Vorstellung gab. Ich setzte mich auf meinen Po, schaute unschuldig, hob eine Vorderpfote und tat, als würde ich dem Typ winken. Das hatte das Eis bislang noch immer zum Schmelzen gebracht. Frauchens Blick wurde dann auch sofort ganz weich, sie verzog das Gesicht und sah aus, als hätte sie den Mund voller Puderzucker. Voller Erfolg. Doch was war das? Der Typ würdigte mich keines Blickes und ging einfach in die

Küche.

Jetzt aber mal wirklich, hallo! Der tat, als würde er hier wohnen! Ich lief hinter ihm her und sprang an seinem Bein hoch, was er ignorierte. Ich sah Frauchen verdutzt an, die hatte ihren Blick jedoch schon wieder auf diesen blöden Spinner fixiert.

Es war ein Glück, dass ich plötzlich wieder diese bleierne Müdigkeit verspürte. Langsam dämmerte mir, warum Frauchen diesen langen Spaziergang mit mir gemacht hatte. Sie hatte mich ausschalten wollen, und das war ihr auf ganzer Linie gelungen. Ich schaffte es mit letzter Kraft in mein Körbchen, beobachtete Frauchen und den Spinner kurz, die jedoch nur redeten. Dann sank mein Kopf auf meine Pfoten und weg war ich.

27.

Ich musste diesmal eine ganze Weile geschlafen haben, denn als ich aufwachte, war es draußen dunkel und in der Küche, wo mein Körbchen stand, war kein Licht an. Ich wartete, dass Frauchen angesprintet kam, um mich zum Pipi machen nach draußen zu bringen. Doch sie war nirgends zu sehen. Ich schnupperte und wenn meine Nase mich nicht täuschte, war sie im Wohnzimmer. Ich sprang über den Rand meines Körbchens und trottete los. Und tatsächlich. Frauchen lag im Wohnzimmer auf dem Sofa. Mit dem Typen! Die beiden schleckten sich gegenseitig das Gesicht ab.

Jetzt wurde ich aber ernsthaft sauer. Warum durfte der Frauchen abschlecken, wenn sie bei mir immer so tat, als wäre sie dem sicheren Tod geweiht, wenn meine Zunge nur in ihre Nähe kam? Und noch schlimmer. Sie beachtete mich schon wieder nicht. Merkte nicht, dass ihr geliebtes Holly-Schätzchen neben dem Sofa stand und gemäß der goldensten aller Züchterregeln auf jeden Fall und sofort Pipi musste!

Einen kurzen Moment war ich versucht, laufen zu lassen, das

würde sie schon aufschrecken. Zumal ich auch ein größeres Bedürfnis verspürte, so im hinteren Körperteil. Aber nein, ich würde die Sache geschickter angehen, ich war schließlich kein Welpe mehr. Ich war ein Junghund, der schon eine Menge verstanden hatte. Unter anderem, dass man eine Menge mehr erreichte, wenn man nicht übereilt handelte.

Ich überprüfte schnell, aber gewissenhaft, ob irgendwo ein Schinkenbrot für mich stand, was natürlich ein Gamechanger gewesen wäre, dann setzte ich mich neben das Sofa und betrachtete das Geschlecke einen Augenblick mit schief gelegtem Kopf. Da konnte einem echt schlecht werden. Aber mich die Schleckerkönigin nennen.

Nun gut, ich war auf einer Mission, die es zu beenden galt. Selbstmitleid hatte da nichts zu suchen. Ich begann zu winseln. Ganz leise. Keine Reaktion. Ich winselte etwas lauter. Nichts. Ich fand das ziemlich unmöglich von Frauchen, mich so zu ignorieren, das war ich nicht gewöhnt. Doch laufen lassen? Nein! Mission war Mission. Pobacken zusammen und los. Ich stand auf und stellte die Vorderpfoten auf den Sofarand. Keine Reaktion. Gut, sie hatte es so gewollt. Ich bellte einmal kurz und laut direkt in Frauchens Ohr. Mission erfolgreich. Frauchen zuckte vor Schreck so zusammen, dass sie fast vom Sofa fiel, der Typ schrie schmerzerfüllt auf. Ich setzte mich derweil hin und guckte lieb.

„Holly, Mäuschen, jetzt hast du mich aber erschreckt“, säuselte Frauchen schließlich, was ihr einen verständnislosen Blick von dem Typen einbrachte.

„Der Hund hat sich angeschlichen und dir so ins Ohr gebellt, dass du mir auf die Zunge gebissen hast“, beschwerte er sich.

Der war wohl der Meckerkönig.

„Sie hat nur Bescheid gegeben, dass sie muss. Das ist ganz

toll für einen jungen Hund in ihrem Alter, sie ist doch erst ein paar Monate alt", verteidigte Frauchen mich sofort.

Du kannst mich Wunderhund nennen und was schleckerst du an *meinem* Frauchen rum, wenn du Angst um deine Zunge hast, ergänzte ich zufrieden und wedelte mit dem Schwanz. Ich musste mittlerweile übrigens ernsthaft mal laufen lassen, und das besser sofort. Ich bellte Frauchen noch mal an.

„Außerdem hat sie fast drei Stunden geschlafen, das war superlieb, mein Holly-Schätzchen", erklärte Frauchen weiter und nahm mich liebevoll auf den Arm. „Dann bringe ich mein kleines Mäuschen mal schnell raus."

Während sie ihre Schuhe anzog, saß ich immer noch auf ihrem Arm (Züchter-Regel 204, Welpen auf dem Arm lassen nicht laufen) und warf dem Typen über Frauchens Schulter einen Blick zu. Sein Gesichtsausdruck war irgendwie, mmmh, keine Ahnung wie. Ich hatte bis auf die Bürozicke bislang nur nette Menschen kennengelernt, aber mit dem war nicht gut Kirschen essen. Vielleicht war das der Bruder von der Bürozicke? Nun sah ich Frauchen an. Wenn sie meinte, dass sie mit mir einen Fang gemacht hatte, was sollte denn bitte das sein, was da auf dem Sofa saß?

28.

Aber Frauchen war nicht die Einzige im Haus, die sich plötzlich mit dem anderen Geschlecht beschäftigte. Auch Karla gebärdete sich merkwürdig.

Karla war gerade sechzehn geworden und hatte ihren ersten Boyfriend, wie sie mir an einem kuscheligen Abend erzählte, den ich neben ihr auf ihrem Bett verbrachte. Frauchen hatte mich verlassen, äh, war ausgegangen, sonst hätte ich den Abend natürlich mit ihr auf dem Sofa verbracht.

Boyfriend Julius war der bestaussehende, klügste, coolste, tollste Typ an ihrer Schule. Mir fielen immer wieder die Augen zu, während ich die Geschichten über die Wundertaten von Julius anhörte, das schien Karla aber nicht zu stören. Sie streichelte sanft über meinen Rücken und erzählte und erzählte. Sie klang so glücklich, wie ich sie das letzte Mal erlebt hatte, als Frauchen endlich nachgegeben und ihr ein neues Handy gekauft hatte. Selbstverständlich freute ich mich für Karla, sogar noch, nachdem Frauchen nach Hause gekommen war und mich auf dem Bett erwischt hatte.

„Sie ist einfach hochgesprungen, ich kann da wirklich nichts dafür, Mama! Ich habe sie nicht wieder runtergekriegt, du weißt doch, wie bockig dieser Hund sein kann!", schob Karla die ganze Schuld auf mich.

Mich, Holly, die es besser wusste und noch die Worte „Komm aufs Bett, Holly, ich muss dir was erzählen" in den Ohren klingeln hörte.

Na egal, ich war keine Petze.

„Jetzt schau nicht so, als könntest du kein Wässerchen trüben und wärst der liebste Hund der Welt", setzte Karla noch einen drauf.

Fürs Protokoll: Ich schaute beleidigt, betroffen, wütend und auch irgendwie traurig. Aber das verstand diese Lügenbaronin nicht, trotzdem freute ich mich weiterhin für sie. Und sprang zwei Abende später – Frauchen war schon wieder nicht da, was die Mädchen mit Freude und ich mit Fassungslosigkeit zur Kenntnis genommen hatten –erneut auf ihr Bett, denn Karla hatte schon wieder etwas zu erzählen. Ein Geheimnis, das außer mir niemand erfahren durfte!

„Holly, heute hat mich nach der Schule der Ben angesprochen und gefragt, ob ich mit ihm am Samstag zu einer Party gehen will. Ben ist so cool, das kannst du dir nicht vorstellen."

Nein, konnte ich nicht. Ich hatte mir schon nicht vorstellen können, dass Julius der coolste Typ auf der ganzen Welt war. Überhaupt, was war aus Julius geworden? War der gestorben? Ins Tierheim gekommen? Tollwut?

„Das Problem ist, Holly, eigentlich wollte ich mich am Samstagabend mit Julius treffen. Was mach ich denn jetzt nur?"

Und? Dann spielt ihr zu dritt. Ich sah das Problem nicht, ich spielte oft sogar mit vier oder fünf Hunden.

„Die dürfen auf keinen Fall voneinander wissen, Holly! Das geht gar nicht."

Oh. Dann war mit mehreren spielen wohl nicht so eine gute Idee. Dann spiel nacheinander mit ihnen?

„Ich würde erst den Julius treffen und hinterher mit Ben auf die Party gehen, aber Mama ist so was von spießig, ich muss um Mitternacht zu Hause sein. Da fängt die Party eigentlich erst richtig an. Was soll ich nur machen, Holly?"

Nichts? Einen aussuchen? Man musste nicht gleich gierig werden, ich ging auch nicht zweimal direkt hintereinander spazieren.

„Ich kann mich einfach nicht entscheiden, mit wem ich was machen soll!"

Das wiederum konnte ich verstehen. Wenn ich mich zwischen den Kauknochen mit Huhn und denen mit Rind hätte entscheiden müssen, das hätte ich auch nicht fertiggebracht. Huhn? Rind? Doch Huhn? Nein, lieber Rind? Aber das Huhn war auch lecker. Ich musste aufpassen, nicht auf Karlas Bett zu sabbern, so einen Hunger bekam ich vor lauter An-Kaukno-chen-denken. Erfahrungsgemäß kam Hundesabber nirgendwo gut an und auf dem Bett ganz besonders schlecht.

Karla sah derweil ernsthaft bekümmert aus. So traurig hatte ich sie eigentlich nur einmal erlebt, damals, als ihr altes Handy in die Toilette gefallen und ertrunken war.

Ich schleckte ihre Hand, um ihr zu sagen, dass ich die Lösung ihres Problems am besten einmal überschlafen sollte, und schloss meine Augen.

Frauchen weckte mich unsanft.

„Warum liegt der Mistköter schon wieder in deinem Bett? Weißt du, wo die mit ihren Pfoten heute überall war?"

Mistköter? So hatte sie mich noch nie genannt!

„Holly muss ins Bett gesprungen sein, als ich schon geschlafen habe!", verteidigte sich Karla. Dann sagte sie allen Ernstes

„Böse Holly!“ zu mir.

Ein Glück, dass ich von einem gigantischen Kauknochen – mit Rind – geträumt hatte, über den Beagle-Boris im Büro gestolpert war, bevor ich ihn gefressen hatte. Also den Kauknochen, nicht den Boris. Eine Lösung für Karlas Vielmännerei war mir im Traume nicht eingefallen, bei diesem schamlosen Verrat hätte ich sie ihr aber ganz sicher sowieso nicht gesagt. Ich sprang vom Bett, lief die Treppe nach unten und legte mich in mein Körbchen. Ich bin mir ziemlich sicher, dass die beiden mir mindestens erstaunt nachgeblickt haben.

29.

Ein Hundewelpe ist so ziemlich das Süßeste, was es gibt auf der Welt, oder? Finden Sie doch auch, seien Sie ruhig ehrlich. Wenn Sie einen Hundewelpen auf der Straße sehen, schauen Sie hin, aus Ihrem Mund kommt ein verzücktes „Oooh" und für einen winzigen Augenblick sind Sie glücklich, die Welt ist warm und weich, genauso eben, wie sich das Fell des Welpen sicher anfühlt. Und wenn Sie dazu der eher extrovertierte Typ sind, lassen Sie es sich nicht nehmen, den kleinen Schatz da unten auf der Erde zu streicheln, oder? Geben Sie es zu, das ist ganz normal. Außer vielleicht, man ist der Meckerkönig, von denen gibt es aber Gott sei Dank wenige. Obwohl. Egal, hier geht es um etwas anderes. Wissen Sie eigentlich, was Sie damit anrichten, wenn Sie sich ein kleines Stück vom Welpen-Glück abschneiden? Wahrscheinlich nicht, denn sonst würden Sie es nicht tun.

Mein Frauchen zum Beispiel sollte es irgendwann sogar ihren Job kosten, ich möchte mir gar nicht vorstellen, was auf der Welt alles schon schiefgelaufen ist, weil Wildfremde an einem kleinen, zuckersüßen Baby-Hund nicht vorbeigehen konnten. Außerdem, und damit wären wir beim Thema, ist Ihre Schock-Verliebtheit in einen Ihnen vollkommen fremden Welpen extrem anstrengend.

„Schau mal, der süße Welpe!"

„Gott, ist der niedlich."

So ging es in einer Tour, wenn ich mit Frauchen meine Gassi-Runden in ihrer Mittagspause bei der Arbeit drehte. Nun sind Frauchen und ich beide ausgesprochen höflich und blieben jedes Mal stehen, wenn uns jemand ansprach. In Frauchens Fall könnte es unter Umständen allerdings auch daran gelegen haben, dass ich meine Pfoten in den Boden stemmte und mich weigerte, weiterzugehen, wenn jemand mich süß fand, und das waren ziemlich viele Menschen, besonders als ich noch ganz klein war. Aber auch als ich größer wurde, löste ich weiterhin Begeisterung aus. Über 20 Kilo nasser Sack am anderen Ende der Leine waren übrigens bedeutend effektiver als ein Baby-Hund, wenn es um das erzwungene Stehenbleiben von Frauchen ging. Ich hatte bereits erwähnt, dass sich das Kräfteverhältnis irgendwann zu meinen Gunsten drehte.

Was soll ich sagen, ich liebte Menschen und Menschen liebten mich. Ich war eben ein typischer Flattie. Wir sind halt eine sehr freundliche, um nicht zu sagen enthusiastische Rasse. Es leuchtete mir nicht ein, warum ich stur weitergehen sollte, wenn ich stattdessen gestreichelt werden konnte. Gut, vielleicht war es ein wenig übertrieben, dass ich mich vor so ziemlich jedem Fremden auf die Erde warf, kurz wartete, bis er sich zu mir herunterbeugte, um mich dann mit einer raffinierten Wendung auf den Rücken zu drehen, Bauchkraulen war eben einfach großartig. Aber das war selbstredend erst die Pflicht gewesen. Denn Kraulen war zwar super, spielen aber noch viel besser. Meine Kür begann mit einer für den Krauler vollkommen unerwarteten Dreh-Sprungfigur meinerseits nach oben, um meinen Willen zum Spielen anzuzeigen. Leider endete dies nicht selten damit, dass ich dem Krauler eine ordentliche Kopfnuss verpasste, bevor ich an ihm hochsprang.

Frauchen war das, wie hätte es anders sein können, fürchterlich unangenehm, und sie begann sich zu entschuldigen, während ich, noch beseelt von Streicheln meines neuen besten Freundes einen kleinen Freuden-Spieltanz vor diesem aufführte. Die Reaktion der Fremden war unterschiedlich, sie reichte von betroffen, irgendwie verstört bis hin zu „Keine Sorge, bei mir darf sie das", Frauchens absolutem Lieblingsspruch. Nicht.

Wahrscheinlich hätte sogar Frauchen, die zwar die Beste überhaupt, aber leider gleichzeitig eine fürchterliche Spaßbremse war, mit meiner freundlichen Art anderen gegenüber besser umgehen können, wenn der Ku'damm und seine Seitenstraßen nicht zu den belebtesten Straßen Berlins gezählt hätten. Anders gesagt. Ich fand viele, sehr viele neue Freunde. Bei jedem Spaziergang.

„Nein", zischte sie mich daher schon bald jedes Mal vorsorglich an, wenn wir uns einem Passanten näherten. „Wir gehen weiter. Du wirfst dich nicht vor einem Wildfremden auf den Boden. Diesmal nicht!"

Ich dachte natürlich, sie übe Bauchreden oder so was, weil sie bei ihrem Gezische zwar die Lippen minimal öffnete, aber die Zähne geschlossen hielt, damit niemand mitkriegte, wie sie ihren kleinen süßen Hund mitten auf der Straße scheinbar grundlos anherrschte. Angesprochen fühlte ich mich jedenfalls nicht. Halb zog ich sie, halb kam der vermutete Krauler von allein zu uns. Und schon lag ich auf der Erde und startete das Pflichtprogramm.

Dankbarkeit, dass ich ihr die Bekanntschaft von so vielen neuen Menschen ermöglichte, kannte mein Spaßbremsen-Frauchen nicht. Oder dafür, dass sie so viel länger an der frischen

Luft bleiben konnte. Nichts. Am Ende ihrer Mittagspause war sie meistens genervt und nicht erholt. Ich hingegen legte mich erschöpft vor meine Box und schlief selig ein, sodass ich die Worte der Bürozicke „Ihr wart ja mal wieder sehr lange draußen“ meist nur wie durch einen Nebel wahrnahm.

30.

Ein großes Problem der Menschen sind ihre vielen, also wirklich vielen Regeln. Es wird irgendwann schwer, die alle einzuhalten, oder – in Frauchens Fall – sich überhaupt immer an alle zu erinnern. Oder, warum genau man die Regel aufgestellt hat. Eine Eigenart meiner Rasse ist es zum Beispiel, dass wir Flat Coated Retriever wahnsinnig gerne „Tunneln". Unter „Tunneln" versteht man ein Konzept, bei dem es darum geht, sich zwischen den Beinen seiner Menschen durchzuquetschen. Bei jeder Gelegenheit. Natürlich gibt es feine Nuancen. Kocht der Mensch, bleibt man zwischen den Beinen stehen. Kocht der Mensch länger, ist Hinsetzen oder Legen erwünscht. Gleiches gilt, wenn der Mensch sich im Gespräch mit einem anderen Menschen in der Stehposition befindet. Ist man im Park, ist auch kurzes zur Erinnerung, dass Hund da ist, ebenso kraftvolles wie unerwartetes Tunneln durch die geschlossenen Beine des stehenden Menschen möglich. Gerne auch bei den Fremden, mit denen sich der Rudelmensch unterhält.

Womit wir bei den Regeln wären. Unerklärlicherweise steht „Tunneln" auf der Verbotsliste von Frauchen. In neun von zehn

„Tunnel-Vorkommnissen" quietscht sie allerdings kichernd los „Holly, lass das", streichelt mich und sagt liebevoll „Das sollst du doch nicht machen."

Ich lasse das jetzt mal so stehen. Sie wissen ja, Konsequenz ist alles in der Hundeerziehung, nur so viel sei noch gesagt. Auf jeden Fall würde so etwas in einem Hunderudel nicht vorkommen. Da gibt es wenig Regeln, aber die werden eingehalten. Immer und auf jeden Fall. Mir persönlich kommt das simple Konzept von „Verbot ist Verbot und erlaubt ist erlaubt" überlegen vor, aber ich bin nur der Hund. Fakt ist jedenfalls, dass Frauchen bei uns zwar die Rudel-Chefin über die Pubertiere, Eddie und mich war, aber ihre Autorität dank der nicht immer konsequent durchgesetzten Regeln öfter mal ins Wanken geriet. Also nicht bei mir. Natürlich. Bei den Pubertieren. Und beim Eddie. Ja, vor allem beim Eddie.

Der Typ, der ihr im Gesicht rumgeschleckt hatte, war zwar nicht wieder aufgetaucht, aber wenn ich es richtig verstanden hatte, schrieb Frauchen von morgens bis abends mit ihm Nachrichten. Zumindest konnte ich das den Kommentaren von Frida und Karla entnehmen.

„Mama, du hängst schon wieder am Handy! Das ist doch so schädlich. Du machst dir noch die Augen kaputt."

Sogar ich konnte die Ironie in Karlas Stimme hören, doch Frauchen war ungewöhnlich milde gestimmt und legte das Telefon nur lächelnd zur Seite.

„Wer schickt dir denn die ganze Zeit Herzchen?", fragte Frida neugierig, als der Bildschirm von Frauchens Handy aufleuchtete.

Die beiden Mädchen sahen sich an und grinsten.

„Mama ist in love!", erklärte Frida.

„Ist die nicht viel zu alt dafür?", fragte Karla und machte ein

Gesicht, als müsste sie den von ihr verhassten Gurkensalat essen.

„Ich glaube nicht. Die Mutter von Erik aus meiner Klasse ist noch älter und hat neulich geheiratet."

„Ja, aber Mama hatte noch nie einen Mann." Karla musterte Frauchen, als sei sie ein unbekanntes Wesen.

„Doch!!", triumphierte Frida. „Papa!"

„Ja, Papa zählt nicht, der ist kein Mann."

Frauchen, die dem Gespräch ihres Nachwuchses bislang schweigend zugehört hatte, wurde es nun zu bunt. „Ich sitze direkt neben euch, das ist euch schon klar, oder?"

„Hast du einen Freund, oder nicht?", fragte Frida nun direkt heraus.

„Vielleicht hat sie eine Freundin?", vermutete Karla, bevor Frauchen antworten konnte. „Wenn Mama unbedingt auf jung machen muss in ihrem Alter, dann besser gleich richtig. Da wäre sie endlich mal hip."

„Dafür müsste sie schon genderfluid sein und da weiß Mama nicht mal, was das ist." Frida schüttelte vehement den Kopf.

„Als ob du das wüsstest", grinste Karla gehässig.

„Natürlich weiß ich das, du weißt nicht, was das ist!"

Frauchen rollte mit den Augen. „Komm, Holly, wir gehen spazieren, bevor der Streit richtig losgeht."

„Du hast noch nicht gesagt, ob du einen Freund hast oder nicht", wandte Frida ein, die offenbar Feuer für das Thema gefangen hatte.

„Vielleicht", gab Frauchen endlich zu.

Frida und Karla sahen sich an, als hätte Frauchen ihnen erklärt, dass ich eine Katze und kein Hund sei.

„Und wo hast du den her?" Karlas Worte klangen fassungslos.

„Den habe ich im Büro kennengelernt, kurz vor meinem Holly-Urlaub. Der hat sich bei uns beraten lassen“, gab Frauchen zu.

„Und wie sieht der aus?“

Frauchen wirkte plötzlich verlegen. „Das ist doch egal. Ihr müsst ihn ja nicht kennenlernen.“

„Nicht?“ Jetzt war es an Frida und Karla verständnislos zu gucken.

„Erst mal nicht, zumindest. Warten wir ab, wie sich das entwickelt.“

31.

Es zeigte sich schnell, wie es sich entwickelte. Frauchen schrieb weiter nonstop Nachrichten und lächelte glückselig vor sich hin. Und dann, ja dann kam das Wochenende, das alles verändern sollte. Und irgendwie waren Eddie und ich die Hauptfiguren des Dramas, das sich abspielen sollte.

Frida und Karla waren für das Wochenende zu ihrem Vater gefahren und Frauchen war schwer beladen mit Tüten vom Einkaufen zurückgekommen. Sie wirkte mal wieder nervös. Ich hätte die Zeichen eigentlich erkennen sollen.

„Ich muss duschen und mich hübsch machen", verkündete sie und verschwand im Badezimmer. Ehrlich gesagt war mir das ewige Gewinsel vor der Badezimmertür, wenn sie außerhalb der gewohnten Duschzeiten dort hinein verschwand, mittlerweile selber etwas lästig, also winselte ich kurz und blickte mich um. Keiner da. Konnte also auch keiner sehen, dass ich ganz zufrieden allein hier draußen war. Frauchen war beschäftigt und hatte mich mehr als einmal wissen lassen, dass sie mich unter der Dusche sowieso nicht hörte. Ich ging in mein Zweit-Körbchen, das in ihrem Schlafzimmer stand, und chillte ein bisschen.

Zwei Stunden später roch Frauchen wie die Parfümabteilung im Kaufhaus und hatte ihre Kriegsbemalung 2.0 aufgelegt. Außerdem hatte sie wieder die Schuhe an, die so lustig auf dem Parkett klackerten, dass ich am liebsten bei jedem Schritt in ihre Sohlen gebissen hätte.

„Holly, jetzt hör auf, mich von hinten in die Füße zu zwicken", meckerte Frauchen mich nervös an. Spaßbremse.

Da ich ein ausgesprochen rücksichtsvoller Hund war, verzog ich mich zurück in mein Körbchen, um sie nicht länger zu stören. Außerdem war mit der Frau in der Laune nicht zu spaßen, das wusste ich aus Erfahrung.

Wenig später klingelte es an der Tür. Besuch! Halleluja! „Holly ist ja noch süßer geworden"-Kuschelzeit.

Es war der Typ vom letzten Mal. Enttäuschung pur. Dieses Mal schleckte er Frauchen bereits in der Tür ab. Hallo! Das war doch mein Part! ICH schleckte Besuch am Eingang ab! Ich drängte mich zwischen die Beine von Frauchen und dem Typen, um darauf hinzuweisen, dass ich ganz gerne meinen Job erledigen würde. Die beiden taten, als gäbe es mich nicht. Gut, sie ließen mir keine andere Wahl. Ich sprang an dem Typen hoch, was der ignorierte. Irgendwas lief hier ganz falsch. Ich wurde nicht mal angemeckert.

Dürfte ich kurz an Züchter-Regel 234 erinnern, der Hund darf nicht an Menschen hochspringen?

Ich musste zum Äußersten schreiten. Ich sprang diesmal an Frauchen hoch, die jedoch zu kichern begann. Was war denn das für eine Erziehung bitte, die ich da genoss. Züchter-Regel Nummer eins war und blieb doch wohl: Konsequenz ist alles.

„Holly, du kleiner Störenfried, du bist doch nicht etwa eifersüchtig“, fragte sie, was der Typ mit einem Stirnrunzeln bedachte. Der brachte Spaßbremse auf ein ganz neues Level.

Ich setzte mich auf meinen Hintern und sah Frauchen lieb an. Das wirkte immer. Und tatsächlich nahm sie mich auf den Arm und hielt mich dem Typen entgegen.

„Komm schon, die ist so was von zuckersüß, da muss sogar jemandem, der nicht so ein Hundefreund ist, das Herz aufgehen.“ Irgendjemand musste Frauchen eventuell mal sagen, dass ich mittlerweile ziemlich schwer war und wie ein Sack Kartoffeln in ihren Armen hing. Ich war mir nicht sicher, ob das wirklich noch obersüß war, wie ich da baumelte.

Meckerkönig lächelte dann auch eher etwas gezwungen.

„Pass auf, dass du dir keinen Bruch hebst“, kommentierte er und streichelte mir über den Kopf, wobei ich seine Abneigung regelrecht spüren konnte.

Frauchen kuschelte mich schnell einmal durch und setzte mich in mein Körbchen.

„Schön da bleiben, Holly“, ermahnte sie mich und unterstrich ihre Forderung mit einem Leckerchen. Das wiederum rief den Eddie auf den Plan. Der dicke Kerl konnte durch einen Streit von Frida und Karla und wahrscheinlich den Weltuntergang schlafen, aber wenn die Futterdose aufging, war er zur Stelle.

Der Typ schaute den Eddie an, als sei er das siebte Weltwunder. Der strich dem Besuch schnurrend um die Beine, er schien den Blick für Bewunderung zu halten.

„Was ist das?“, fragte der Typ, während der alte dicke Kater mit erstaunlicher Beweglichkeit auf die Küchenablage sprang, das Kochfeld und das große Schneidebrett überquerte, um neben dem Regal mit der Tierfeinkost zum Stehen zu kommen. Er begann zu miauen. Nein, falsch. Der Eddie schrie, als seien die

Kochfelder auf höchster Stufe an gewesen und hätten seine Katzenpfoten geröstet. Wenn es ums Essen ging, hatte der Eddie immer eine gewisse Dringlichkeit.

„Das ist eine Katze", klärte Frauchen ihren Freund auf. „Oder besser gesagt, ein Kater. Unser Kater. Edgar."

Sie wirkte bei ihren Worten irgendwie verlegen, merkwürdig. So kannte ich sie gar nicht. Ich beobachtete die Szene von meinem Körbchen aus mit wachsendem Interesse. Es war eindeutig einer der Momente, in denen ein kleiner Hund viel über Menschen lernen konnte.

„Den hast du mir verschwiegen."

„Muss ich vergessen haben zu erwähnen, dass ich eine Katze habe."

„Der ist ganz schön fett."

„Er hat sehr dickes Fell", verteidigte Frauchen ihren Kater und gab ihm das gewünschte Leckerchen, woraufhin dieser die Küche verließ, ohne den Typen eines weiteren Blickes zu würdigen. Was ich zu dem Zeitpunkt nicht wusste, war, dass der Edgar nicht vorhatte, das Feld kampflos zu räumen.

32.

„Magst du ein Glas Wein?", fragte Frauchen den Meckerkönig-Besuch, kaum war der Eddie verschwunden, was das Eis wieder zu brechen schien.

„Gerne."

„Ich habe uns etwas Käse besorgt", zwitscherte Frauchen, als wäre sie der Kanarienvogel aus der komischen Fernsehserie, die Frida immer schaute.

„Wie schön", säuselte der Typ zurück und die beiden begannen erneut, sich abzuschlecken.

Nach ein paar Minuten wurde mir das Ganze zu blöd. Es war offensichtlich, dass Frauchen nicht vorhatte, den Käse wirklich aus dem Kühlschrank zu holen, und wie ich sie kannte, hatte sie sowieso noch weniger vor, mir etwas davon abzugeben. Ich beschloss, das zu tun, was ein Hund in einer solchen Situation als einziges tun konnte. Ich schlief ein.

Lange konnte ich nicht geruht haben, denn Frauchen und der Typ schleckten sich immer noch ab, als ich wieder aufwachte. Doch irgendetwas war anders. Eine Spannung lag in der

Luft, die aber nur ich zu spüren schien. Ich hob meinen Kopf. Ja, da näherte sich etwas. Und dann schoss es schnell wie ein Blitz ganz dicht an meinem Kopf vorbei. Weniger als eine Sekunde später schlug der Blitz ein: In das Rotweinglas, das vor dem Typen auf dem Tisch stand. Das Glas kippte mit einem scheppernden Geräusch um und der Wein ergoss sich über den Typen, der hochschnellte, als habe jemand einen China-Böller unter seinem Hintern gezündet.

Das war eindeutig mein Einsatz. Ich sprang ebenfalls auf und begann zu bellen. Hier war Gefahr im Verzug, ich musste etwas tun. Bellen allein erschien mir zu wenig, also sprang ich vorsichtshalber am Bein des Typen auf und ab und biss leicht in seine Hose.

Es dauerte einen durchaus langen Moment, bis die Szene sich beruhigte. Ich setzte mich hin und schaute Frauchen an. Ich war plötzlich nicht mehr hundert Prozent sicher, ob sie meinen heldenhaften Einsatz wertschätzen würde. Sie saß auf ihrem Stuhl und machte ein merkwürdiges Gesicht. Tränen flossen ihre Wangen herunter. Ich sah zum Typen, der sich hektisch mit einer Serviette über seinen weinroten Bauch wischte. Der lebte eindeutig noch, warum heulte Frauchen?

„Verfluchtes Vieh“, schimpfte der Typ.

Ich? Ich war mir keiner Schuld bewusst, ich hatte schließlich nur gebellt, um mögliches Unheil abzuwenden. Ich blickte zum Tisch. Da sah ich ihn. Der Eddie saß auf dem Tisch und leckte sich seine rechte Vorderpfote, als sei nichts geschehen. Vor ihm lag in einer blutroten Lache das umgekippte Weinglas. Als er meinen Blick bemerkte, hielt er kurz inne, warf mir einen seiner Geht-doch-Blicke zu und strich sich genüsslich mit der nassgeleckten Pfote über sein Ohr. Danach reckte er sich, gähnte ausgiebig, machte einen Katzenbuckel, sprang vom Tisch und legte sich auf das Sofa. Sein Tagewerk war offenbar erledigt.

„Mein Hemd ist ruiniert“, schimpfte der Typ und Frauchen machte ein betretenes Gesicht, wobei sie irgendwie immer noch ganz komisch wirkte.

Und dann passierte es. Es war wie eine Explosion, die durch nichts und niemanden auf dieser Welt zu stoppen gewesen war: Frauchen begann zu lachen. Laut und gackernd, so hatte ich sie noch nie lachen gehört. Der Typ sah sie fassungslos an und ich konnte erkennen, dass sie sich wirklich bemühte, aufzuhören, es ihr aber nicht gelang.

„Was ist daran so lustig. Das war ein sehr teures Hemd“, schimpfte er, während er sich zurück auf seinen Stuhl setzte.

„Nichts. Nichts ist daran lustig.“ Frauchen presste die Worte mit Mühe hervor, bevor sie erneut begann zu lachen. „Nur, dein Gesicht, als der Eddie auf den Tisch gesprungen ist.“

Es war einer dieser Momente, wie es sie auch im Hunderudel gab. Entweder gab es jetzt so richtig Zoff oder alle beruhigten sich wieder und spielten weiter. Auch Eddie schien das zu spüren und meldete sich mit einem lauten Miau vom Sofa. Nehme an, er hoffte auf Zoff und tat schon mal seine Unterstützung für Team Frauchen kund.

Seine Hoffnung wurde enttäuscht, der Typ begann plötzlich auch zu lachen. „Ich weiß, warum ich keine Haustiere habe“, erklärte er und schon ging es wieder los. Die beiden schleckten sich ab, als wäre nichts gewesen.

„Vielleicht ziehe ich das Hemd lieber aus“, murmelte der Typ plötzlich. „Sonst kriegt deine Bluse Flecken.“

„Das geht natürlich gar nicht“, stimmte Frauchen zu. „Aber frierst du nicht? So ganz ohne Hemd.“

„Bestimmt.“ Und wieder Geschlecke. „Vielleicht zeigst du mir mal dein Schlafzimmer, da würde mir wärmer.“

Was? War es nicht noch viel zu früh fürs Bett? Und hallo, ich musste noch mal raus. War das wirklich die Frau, die die vergangenen Wochen von meinem Harndrang besessen gewesen war? War der Typ ein Exorzist und hatte sie von ihrer Obsession befreit? Oder was war hier los? Egal. Ich sah mal lieber zu, dass ich dem Schlecker-Pärchen hinterherkam. Die waren bereits auf der Treppe, Weingläser und Rotweinflasche hatten sie natürlich nicht vergessen, sehr wohl aber, mir Bescheid zu sagen. Mal wieder. Aber dieses Mal konnte es nur ein Versehen sein. Ich schlief schließlich immer bei Frauchen im Schlafzimmer. Offenbar war das nicht für alle Menschen das Normalste der Welt, wie ich kurze Zeit später merken sollte.

Ich trappelte also hinter den beiden Oberschleckerern her. Tapp, tapp, tapp, machten meine Pfoten auf den Treppenstufen. Der Eddie, immer in Sorge, ich könnte was zu futtern abgreifen, wenn er nicht dabei war, machte einen Hechtsprung von Sofa, miaute und stürzte unserer kleinen Karawane hinterher, um bloß nicht den Anschluss zu verpassen.

„Das ist nicht dein Ernst!"

Wir waren im Dachgeschoss angekommen. Der Typ klang ernsthaft böse. „Die Viecher kommen ja wohl nicht mit ins Schlafzimmer?"

„Na ja", Frauchen sah den Eddie an, dann mich. „Der Kater geht meistens freiwillig nach unten in den Keller, damit er die Futtermaschine hypnotisieren kann. Aber Holly, die schläft schon oben bei mir. Die ist noch so klein, die weint, wenn sie nachts alleine ist."

Unsere kleine Schlafzimmer-Karawane stand geschlossen vor der Schlafzimmertür. Die war auch geschlossen. Der Typ machte ein finsteres Gesicht. Keiner sprach. Sogar der Eddie hielt zur Abwechslung mal die Klappe. Wir beiden Tiere saßen in schönster Eintracht nebeneinander auf der obersten Treppenstufe neben der Tür und sahen Frauchen erwartungsvoll an. Sie war schließlich die Herrscherin über den Eingang. Aber das „Sesam öffne dich“ blieb aus.

Frauchen hatte ihren Blick auf den Typen fixiert und ich hatte das Gefühl, dass sie gleich schon wieder weinen würde. Nur diesmal nicht vor Lachen. Einen Moment lang herrschte Stille.

„Ich kann das nicht. Das ist ein Schlafzimmer und kein Stall!“, sagte der Typ plötzlich, drehte sich um und wollte die Treppe runtergehen, was nicht möglich war, da der Eddie und ich die Stufen blockierten. Wieder herrschte einen Moment Stille.

„Kannst du zusehen, dass die Viecher da weggehen?“, verlangte er schließlich.

„Holly, Eddie, kommt, es gibt ein Leckerchen“, lockte Frauchen uns, öffnete die Schlafzimmertür und ging zur Schatzkammer.

Der Typ stürmte die Treppe runter, noch während wir kauten. Frauchen schien einen Moment lang unschlüssig, dann setzte sie sich aufs Bett.

„Der wird den Ausgang wohl allein finden“, seufzte sie und schon wieder liefen Tränen ihre Wangen herunter. „Aber wer mich mag, der muss meine Tiere mindestens akzeptieren, ohne gibt es mich nicht.“

Eddie und ich warfen uns einen Blick zu. Es sah ganz so aus, als wäre der Hausfrieden wieder hergestellt. Aber es fühlte sich nicht gut an, obwohl ich zugeben musste, dass der Abgang des Meckerkönigs kein Verlust war.

33.

Der nächste Tag war ein Samstag, was für uns bedeutete, dass wir genauso früh aufstanden wie immer. Selbstverständlich hätte Frauchen ausschlafen können, wenn sie es gewollt hätte. Ich hätte sie niemals geweckt, aber ich liebte es, sobald es draußen hell wurde und die Vögel zu zwitschern begannen, neben ihrem Bett zu sitzen und sie verliebt anzuschauen. Es war ein absolut ungewollter Nebeneffekt, dass sie davon wach wurde. Daher war es mir auch unerklärlich, dass Frauchen sich gelegentlich bei Freunden beschwerte, ich würde sie „wach atmen", wenn diese fragten, warum sie am Wochenende so früh aufstehe.

Auch an diesem Frühlingsmorgen schlug Frauchen also die Augen auf und seufzte, als sie direkt in mein Gesicht sah. Natürlich legte ich meinen Kopf sofort an den ihren, sodass meine nasse Nase ihre berührte. Für gewöhnlich zog dies ein „Iiieeh, Holly, doch nicht als Erstes am frühen Morgen" nach sich, doch an diesem Tag stand Frauchen wortlos auf und ging ins Badezimmer. Als sie wieder herauskam, setzte sie sich aufs Bett, wartete, bis ich zu ihr kam, und streichelte mich.

„Holly, kannst du mir verraten, warum ich nach einer Ewigkeit endlich mal wieder einen Mann toll finde und ausgerechnet der mag meine Haustiere nicht." Sie sah mich lange an, dann kicherte sie. „Immerhin, das Gesicht, als Eddie ihm den Rotwein übers Hemd geschüttet hat, das war Gold wert." Dann fing sie an zu weinen.

So ging es den ganzen Tag, bis am späten Nachmittag ihr Handy klingelte. Eine Stunde später stand Meckerkönig wieder auf der Matte.

Diesmal gab es allerdings kein großes Abschlecken am Eingang, was ich nutzte, um mich dem Besuch vor die Füße zu werfen. Ich meine, seien wir ehrlich, ich konnte den Mann nicht ausstehen, aber erstens war es mein natürlicher Reflex, jeden Besucher freudig zu begrüßen, und zweitens hatte ich das Gefühl, dass es Frauchen glücklich machen würde, wenn ich nicht nachtragend war. Und war es nicht das, was am wichtigsten war: ein glückliches Frauchen?

Der Typ schien genauso zu denken und streichelte mich am Bauch, da ich mich natürlich sofort, um meinen besonders guten Willen zu zeigen, auf den Rücken gelegt und mich damit verwundbar gemacht hatte. Wenn ich geahnt hätte, dass ich damit den Weg zu stundenlanger Schleckerei geebnet hatte, hätte ich es trotzdem gemacht, ich bin schließlich nur ein Hund, ich konnte nicht anders. So langsam, aber sicher verstand ich allerdings, warum es Frauchen so tierisch auf die Nerven ging, wenn ich alles und jeden abschleckte. Ich verzog mich in mein Körbchen und versuchte zu schlafen, um das Elend nicht länger mit ansehen zu müssen. Außerdem war ich verdammt müde.

„Du blöde Kacktöle!"

Der Meckerkönig sah mich mit zusammengekniffenen Augen an. Ich überlegte einen Moment, ob ich vielleicht geträumt hatte, stellte aber fest, dass ich eindeutig wach war.

„Guck nicht so bescheuert wie eine Kuh am Sonntag. Ich mag dich nicht und werde dich nie mögen, ich tue nur so, weil ich Caroline mag“, erklärte der Typ mir. „Wenn es nach mir ginge, wärst du schon auf dem Weg ins Tierheim. Oder würdest dich an einem Döner-Spieß drehen.“

Ich hörte, wie die Tür des Gäste-WCs aufging, und der Typ beugte sich plötzlich zu mir herunter. Natürlich dachte ich, dass er mich schlagen wollte, so gehässig wie der mit mir geredet hatte, und zuckte ängstlich zurück.

„Der Hund hat Angst vor dir“, stellte Frauchen fest, die im gleichen Moment zurück in die Küche kam.

„Quatsch, ich streichele sie doch.“

„Du bist kein Hundemensch.“

Das konnte sie laut sagen.

„Ich versuche es, für dich zu werden.“

Man ahnt, was diese infame Lüge nach sich zog. Mega-Schleckerei. Natürlich nicht von mir! Ich hatte schließlich meinen Hundestolz und hätte eher auf mein Fressen verzichtet, als den Typ noch mal abzuschlecken. Und Sie wissen, was es für mich bedeutet hätte, auf mein Fressen verzichten.

Danach gab es wieder Rotwein. Diesmal ungestört vom Eddie, der auf ein Überraschungsmoment zu hoffen schien und nicht zu sehen war. Schließlich ging es wieder Richtung Schlafzimmer. Ich natürlich hinterher. Was sonst. Hunde sind Gewohnheitstiere und ich war es gewöhnt, in Frauchens Nähe zu schlafen. Während die Karawane – der Eddie schloss sich uns vorsichtshalber an, falls es was zu fressen gab – erneut nach oben zog, herrschte eine gewisse Anspannung. Um nicht zu sagen, sogar im durchaus geräumigen Treppenhaus war die Luft zum Schneiden dick.

Im Schlafzimmer bekamen Eddie und ich ein Leckerchen, ich ging in mein Körbchen, der Eddie wer weiß wohin. Frauchen und der Typ legten sich ins Bett. Und darum der ganze Aufriss? Menschen, echt. Ich spürte die Aufregung der vergangenen Tage plötzlich und schlief sofort ein.

Ein merkwürdiges Geräusch weckte mich. Es hörte sich ein bisschen an wie die Männer, die neulich im Wald den großen Baum abgesägt hatten. Und dazu ein Lkw, der mitten durchs Zimmer rollte. Ich hob vorsichtig den Kopf. Frauchen saß aufrecht im Bett und sah verzweifelt aus. Ich ging zu ihr und legte meinen Kopf auf ihr Bein.

„Hat dich das Schnarchen auch aufgeweckt?", fragte sie leise. „Geh zurück ins Körbchen, da müssen wir jetzt durch. Hatte ganz vergessen, wie grausam das ist, neben einem schnarchenden Mann zu schlafen."

Ich legte mich wieder hin. Ich war verdammt sauer, und das heißt was bei einem Flattie, wir haben schließlich immer gute Laune. Der Typ sprengte uns da mitten in der Nacht die Ohren weg, aber ich war in seinen Augen das Problem im Schlafzimmer. Meine Abneigung gegen ihn stieg minütlich. Ich musste mit dem Eddie einen Plan machen, wie wir ihn wieder loswurden.

Es stellte sich jedoch bald heraus, dass dies nicht notwendig war. Der Meckerkönig kam nie wieder in unser Haus. Frauchen traf ihn ab diesem Abend in seiner Wohnung. Und das nicht, weil er sich zu Tode schämte, einem ganzen Hausstand den Schlaf geraubt zu haben. Nein, offenbar hatte er Frauchen mitgeteilt, dass *er* trotz aller Liebe für sie nicht in Gegenwart eines Hundes schlafen konnte. Das Ende der Geschichte war es leider noch lange nicht.

34.

So ein Hundeleben ist ein Leben voller Veränderungen und damit Ernüchterungen, denn ein Hund ist ein Gewohnheitstier. Nichts geht uns über lieb gewonnene Rituale, wie zum Beispiel feste Fressenszeiten. Kommt Ihnen bekannt vor? Sie haben gerade das Bild von Ihrem Hund vor Augen, der mindestens eine Stunde vor eben jener festen Fressenszeit anfängt zu sabbern und Sie zu nerven? Falls es ein Trost ist, wir sind alle so. Gewohnheitstiere halt und wenn es ums Fressen geht, kann Hund nicht früh genug darauf aufmerksam machen, dass bald Zeit für die wichtigste aller Gewohnheiten ist.

In diesem speziellen Fall spreche ich allerdings über eine andere Veränderung, die viele lieb gewonnene Gewohnheiten zerstörte. Ich wuchs „wie Unkraut“, so zumindest nannte Frauchen meine körperlichen Veränderungen.

Aus dem zarten Fünf-Kilo-Hund, den Frauchen gemeinsam mit Frida und Karla vom Züchter abgeholt hatte, war im Handumdrehen eine formidable Junghündin geworden. Mein Wachstum war so rasant, dass sogar mein Regeln liebendes Frauchen davor kapitulierte und ich lange, bevor ich sechs Monate alt war, die Treppen im Haus rauf und runter lief wie ein geölter Blitz, da mich niemand mehr tragen konnte und wollte. Dieser Veränderung stand ich mit gemischten Gefühlen gegenüber, weniger Zeit auf dem Arm, mehr Freiheit. Schwere Entscheidung. Andere Gewohnheiten konnte ich schwerer ziehen lassen. Den Couchtisch zum Beispiel, an dem hänge ich bis heute.

Die Nächte der allerersten Wochen im neuen Zuhause hatte ich, wie Sie bereits wissen, auf Frauchens Bauch auf dem Sofa verbracht. Frauchens Rücken fand das nur ein bisschen gut und so bürgerte es sich ein, dass ich unter dem Couchtisch neben dem Sofa schlief. Frauchen hatte mir dort eine Kuscheldecke hingelegt und ich liebte mein auf zwei Seiten eingezäuntes und somit sicheres kleines Reich. Ganz zu schweigen davon, dass Frauchen auf der dritten Seite lag und ihre Hand vorsichtshalber vom Sofa herunterhängen ließ, falls ich einen nächtlichen Kuschler brauchte. Da Frauchens Rücken nach kurzer Zeit auch das Sofa nicht mehr tolerieren wollte, zogen wir um ins Schlafzimmer, wo ich ohne Murren in meinem Körbchen neben Frauchens Bett schlief, wie ich in Anwesenheit des Meckerkönigs bewiesen hatte.

Nun begab es sich allerdings, dass Frauchen vor allem am Wochenende gerne mal auf dem Sofa lag und ein Buch las. Selbstverständlich bezog ich meinen traditionellen Platz unter dem Couchtisch. Ich gestehe, dass ich die Schuld für die Tatsache, dass es dort mittlerweile ganz schön eng für mich geworden war, auf den Tisch schob. Das blöde Ding war offenbar geschrumpft. Es sollte zu einem steten Quell der Freude meiner Menschen werden, dass ich jedes Mal, wenn ich aufstand, mit dem Tisch auf dem Rücken einige Schritte lief, da ich ihn „überwachsen“ hatte.

Überwachsen hatte ich auch den Eddie, was an unserer Beziehung aber überhaupt nichts änderte. Eddie war und blieb der Chef, auch wenn ich ihn mittlerweile wahrscheinlich mit einem Pfotenschlag hätte ausknocken können. Auch dem Fußraum des Autos war ich entwachsen. Ganz Wunderhund, der ich war, hatte ich nicht nur das Auto-Beifahren perfektioniert, nein, ich saß mittlerweile sogar hundeseelenallein im Kofferraum, ohne mich zu beschweren. Brave Holly, sehr brave Holly.

Es war leider genau dieses Auto, das mir irgendwann im wahrsten Sinne des Wortes vor Augen führte, wie groß ich wirklich geworden war. Frauchen führte es vor Augen, wie teuer ein großer Hund wirklich sein konnte.

An jenem Vormittag hatte Frauchen eine riesige Tasche mit allem möglichen Zeug gepackt und neben das Auto gestellt. Ich erledigte derweil mein Geschäft im Vorgarten, bevor ich mich zu Frauchen gesellte, die hektisch in ihrer Tasche kramte. Selbstverständlich schnüffelte ich daran, wie es sich für einen Hund gehört. Zack, ging es los.

„Nimm deine nasse kleine Hundenase da raus, sonst setzt es was!“ Frauchen sah mich warnend an. „Mist, ich habe die Leine am Eingang vergessen. BLEIB! Holly, bleib. Schön bleiben.“

War klar, dass ich mal wieder schön nichts durfte. Andererseits sollte ich nur bleiben. Von schön die Tasche nicht untersuchen, war nicht die Rede gewesen. Also praktisch eine Aufforderung, die Tasche mal näher anzuschauen, oder? Ich blieb schließlich schön, wo ich war, neben der Tasche. Aus der es übrigens nach Leckerchen roch. Die waren sowieso für mich, warum sollte ich nicht wenigstens überprüfen, ob Frauchen die guten mit Lachshaut für mich eingepackt hatte. Ich steckte meine

Nase in die Tasche, wobei ich selbstverständlich schön auf meinem Popo sitzen blieb und mir schön den Hals verrenkte. Und in dem Moment sah ich ihn aus den Augenwinkeln, jenen Augenwinkeln, mit denen ich eigentlich die Rückkehr von Frauchen hatte überwachen wollen. Er flog über das Auto, ganz als wäre er extra für mich gekommen. Ein gelber Schmetterling.

Schmetterlinge, die wunderschönen Brüder und Schwestern von Blättern. Die bunten Poeten der Lüfte. Wie der flatterte. So gelb, so fröhlich, so schnell. Den musste ich mir genauer ansehen. Quatsch! Den musste ich haben!

Ich machte einen Satz in Richtung Auto, schaffte es, mich mit den Vorderpfoten am Reifen festzukrallen, mit den Hinterpfoten nachzuschieben und irgendwie auf die Kühlerhaube zu gelangen. Verflucht, war die rutschig. Ich fuhr meine Krallen aus, wie ich es beim Eddie Hunderte Male gesehen hatte, und versuchte, Halt zu bekommen.

Der Schmetterling war vergessen, weg war er sowieso, ich kämpfte ums Überleben. Als wäre das nicht genug gewesen, stand plötzlich ein riesiger schwarzer Hund vor mir! Schaute mich aus der Autoscheibe direkt an. Wo kam der her? Ich liebte andere Hunde, dass mir das keiner falsch versteht, aber der da, der war unheimlich. Der sah aus wie ich und doch anders. Der war irgendwie verzerrt und wirklich riesig. Ich sah zu, dass ich wegkam.

Ich bin Hund genug zuzugeben, dass ich in dem Moment vielleicht nicht die beste Entscheidung getroffen habe. Statt mein Spiegelbild in der Windschutzscheibe mutig anzubellen oder zurück auf die Erde zu springen und zu hoffen, dass Frauchen meinen kleinen Ausflug nicht bemerkt hätte, sprang ich eine Etage höher. Aufs Autodach. Das war genauso rutschig wie die Kühlerhaube, aber immerhin war der Höllenhund mir nicht gefolgt.

„Holly!“

Ich zuckte ertappt zusammen, drehte mich zu Frauchen, verlor dabei die Balance und konnte nur noch versuchen, meinen rasanten Abstieg mit meinen Krallen irgendwie abzufangen. Mit einem unangenehmen knirschenden Geräusch rutschte ich ab. Direkt in Frauchens Arme.

„Bist du grauenvoller Höllenschlumpf jetzt ernsthaft erst auf die Kühlerhaube und dann aufs Autodach gesprungen?“

Öhm. Ja. Aber ich war nicht an der Tasche! Brave Holly?

Frauchen machte einen Schritt auf das Auto zu.

„Der Lack ist voller Kratzer! Verflucht noch mal!“ Sie sah mich böse an.

Hör mal! Ich lebe, bin unverletzt. War das nicht viel wichtiger als so ein paar blöde Kratzer?

Seit jenem Tag heiße ich übrigens der schwarze Höllenschlumpf und es hat eine ganze Weile gedauert, bis Frauchen ihren großen schwarzen Hund mal wieder schön aus den Augen gelassen hat.

35.

Es gab aber durchaus auch gute Dinge an meiner Wandlung zum Junghund. Eines dieser Dinge war das Hundeauslaufgebiet. Besser wurde es nicht, wenn man wie ich als Hund in einer großen Stadt lebte. In Berlin war das Beste dieser Gebiete der Grunewald. Herrlich. Sogar einen See zum Baden gab es dort. Im Grunewald konnte man so richtig schön eskalieren. Ich drehte jedes Mal so „hohl" (O-Ton Karla) und Frauchen war so peinlich von meinem Verhalten berührt, dass wir nur an Tagen dorthin fuhren, wenn Frauchen sich „seelisch gefestigt" fühlte, wie sie es nannte.

Aber wenn wir dann mal da waren im Grunewald, war es einfach herrlich. Überall Hunde. Und jetzt kommt es: überall Hunde ohne Leine, weil Hundeauslaufgebiet. Für mich war klar, dass Auslauf mit Durchdrehen gleichzusetzen war. Es hatte mir eben mal wieder keiner das Memo gegeben, dass auch dort das Züchter-Hundegesetzbuch in leicht abgemilderter Form galt.

Sobald Frauchen die Leine abmachte, rannte ich los, als müsste ich den letzten Futtersack auf der ganzen Welt sichern, schaltete die Ohren auf Durchzug und drehte – genau – vollkommen durch. Manchmal war ich so aufgeregt, dass ich wirklich nicht mehr wusste, wie ich stoppen sollte. Meistens benutzte ich am Ende Frauchen als eine Art natürliche Bremse. Sprich ich lief volles Hörnchen gegen sie und kam so nicht zum Stehen, sondern gleich zum Liegen. Genau wie Frauchen. Vorteil: Ich konnte sie schnell dankbar abschlecken, bevor ich wieder loslegte. Nachteil: Ich muss nicht sagen, wie Frauchen all das fand, oder? Zumal ich mittlerweile kein kleiner Hund mehr war, wie Sie wissen.

Nach den ersten Minuten Super-Eskalation wurde ich nicht ruhiger, schaltete den Ohr-Durchzug aber wieder aus, sodass Frauchens von genervt über bettelnd bis panisch klingende Holly-Schreie bei mir ankamen. Selbstverständlich hörte ich auf sie, nur halt nicht sofort. Denn das war das Problem am Hundeauslaufgebiet, auf meinem Weg zurück zu ihr traf ich ständig Hunde. Und wenn wir schon mal den ganzen weiten Weg dort hingefahren waren, wäre es ausgesprochen blöd gewesen, so zu tun, als gäbe es die anderen Hunde nicht. Das wäre ja, als wenn die Menschen extra hungrig ins Restaurant gehen, um am Ende nichts zu essen. Ich möchte aber betonen, dass ich meinen Weg immer wieder zurück zu Frauchen fand. Die freute sich trotz ihrer vorherigen Rufe nach mir nur überschaubar über unsere Wiedervereinigung.

„Holly, du bist wie eine Fünfjährige beim Kindergeburtstag, nachdem sie alle Süßigkeiten allein gegessen hat. Man muss sich wirklich für dich schämen!“

Warum Frauchen sich meiner, ihrem Wunderhund, plötzlich schämte, erschloss sich mir nicht, ich ließ sie aber gewähren und ertrug sogar noch schlimmere gezischte Anfeindungen wie „Holly, du benimmst dich wie ein fehlgezündeter Knallfrosch auf LSD" schwanzwedelnd, zumal ich eh sofort wieder weg war.

Ich vermutete sowieso, dass es gar nicht meine geballte Lebensfreude war, die Frauchen störte, es war die fehlende Lebensfreude einiger anderer Hundebesitzer, die ihr zu schaffen machte. Dieses freudlose Völkchen trottete mit seinem Hund an der Seite so gelangweilt durch den Wald, dass sie auch in der Innenstadt mit Leine hätten spazieren gehen können. Und dann kam ich. Meist überfiel ich das nichts ahnende Gespann von hinten, indem ich mit vollem Tempo in sie hineinrannte, während Frauchen der „Holly hier"-Schrei wegen Aussichtslosigkeit im Halse stecken blieb. Bis auf das eine Mal, als sie vergeblich versuchte, sich hinter einem Baum zu verstecken und so zu tun, als wäre ich nicht ihr Hund, kam Frauchen sofort angerannt und begann mit einer nicht enden wollenden Entschuldigungsarie für mein Verhalten. Ich spielte derweil entweder mit dem kurzfristig aus seinem Langweiler-Leben erlösten Hund oder suchte mir ein neues Opfer, sollte sich herausgestellt haben, dass der Langweiler-Hund wirklich genau das war, langweilig.

Die meisten der Langweiler-Menschen schienen mir, abgesehen davon, ganz froh zu sein, dass mal etwas Action in ihr Leben kam. Sie versicherten Frauchen fast immer, sie seien unverletzt und es sei gar nicht schlimm, dass ihre weiße Hose versaut sei, die Flecken gingen mit etwas Glück sicher wieder raus. Wer zog denn auch bitte eine weiße Hose im Wald an? Frauchen hatte nicht mal eine weiße Hose.

Außerdem entstand aus meinen kleinen Überfällen die eine oder andere nette Konversation zwischen Frauchen und dem anderen Hundebesitzer. Da Menschen generell gerne redeten und Frauchen gelegentlich regelrecht geschwätzig war, nahm ich an, dass sie tief in ihrem Innersten meine Attacken nicht nur unterstützte, sondern darauf wartete, wenn nicht sogar hoffte.

Es gab aber natürlich nicht nur die Langweiler im Grunewald, es gab auch ein paar wunderbare Hundewesen, die waren mindestens so verrückt wie ich. Mit denen jagte ich durch das Unterholz, dass es ein Fest war, und wir kamen erst wieder bei unseren Gebietern zum Stehen, wenn unsere Zungen bis zum Boden hingen. Und so lernten wir eines Tages Boo und sein Herrchen kennen, die unsere Leben für immer verändern sollten. Oder hätten verändern sollen, wenn Frauchen sich nicht so blöd angestellt hätte. All das wussten wir natürlich zu dem Zeitpunkt nicht, als Boo uns von hinten überfiel, wie ich es nicht besser hätte machen können.

Boo und ich, das war Liebe auf den ersten Blick. Oder sollte ich besser sagen, auf den ersten Sprung. Denn Boo, ein stattlicher Rüde, sprang von hinten auf uns, wobei er eine derartig ausgefeilte Technik hatte, dass es ihm gelang, Frauchen zu Fall zu bringen und sofort mit mir auf und davon zu jagen. Als wir nach etlichen Runden durch das Unterholz erschöpft gegen die Beine von Boos Herrchen prallten, waren unsere Besitzer in ein angeregtes Gespräch vertieft.

„Boo ist eine Mischung aus einem großen Berner Sennenhund und einem Flat Coated Retriever", erklärte Boos Herrchen gerade.

„Tolles Fell, ist bestimmt viel Arbeit", kommentierte Frauchen die in der Tat üppige, leicht gewellte schwarze Fellpracht von Boo.

„Gar nicht. Ich wasche das nur alle paar Monate mal, und das war es auch schon", versicherte das Herrchen und Frauchen bekam diesen interessierten Blick, den sie sonst nur beim Shoppen im Internet hatte.

„Egal, ob das ein Shampoo nur für Hunde ist, das brauche

ich auch, ich will auch so ein Fell. Glanz und Volumen!", antwortete sie und beide begannen zu lachen.

Boo und ich sahen uns derweil kurz an und rannten wieder los. Wir wussten, wenn Hundebesitzer erst mal ins Plaudern kamen, das konnte dauern. Wir rannten und rannten, blieben beide manchmal kurz verwundert stehen, um sicherzustellen, dass uns wirklich niemand rief, und spielten weiter. Bis es uns irgendwann unheimlich wurde. Hatten die uns vergessen? Was war aus Frauchens Holly-Rufen geworden, die sie sonst minütlich in Sirenenlautstärke absetzte, damit ich mich bloß nicht zu weit von ihr entfernte? Boo schien es ähnlich zu gehen, und da wir beide recht erschöpft waren, beschlossen wir, mal nach den beiden zu schauen.

Unsere Besitzer standen in schönster Eintracht neben einem Baum und unterhielten sich. Die Tatsache, dass der durchgedrehte Höllenschlumpf und ihr Kumpane sich neben sie auf die Erde legten und hechelten, ging in ihrem Gespräch unter. Sie bemerkten uns nicht mal! Theoretisch war das der hundgewordene Grunewaldtraum, aber ich kam mir ein wenig vernachlässigt vor. Redeten die etwa immer noch über Haare? Ich stand auf und schleckte Frauchens Hand, was diese geistesabwesend mit einem Streicheln über meinen Kopf beantwortete. Ich legte mich wieder hin. Nach einer Weile begann ich intensiv meine Ellenbogengelenke auf Liegeschwielen zu untersuchen, aber auch das wurde ignoriert. Dabei war das Frauchens größtes Grauen, dass ich unattraktive felllose Stellen an den Gelenken vom Rumliegen bekommen könnte. Ich überlegte, ob ich zu bellen beginnen sollte, als der Groschen plötzlich fiel.

Ich hatte Frauchen bislang erst ein einziges Mal so erlebt, und das war, als der Meckerkönig bei uns gewesen war. Ha! Vielleicht konnten wir den Meckerkönig durch Boos Herrchen ersetzen. Der würde bestimmt nichts dagegen haben, wenn wir mit ins Schlafzimmer kamen. Ich sah zu Boo rüber, der platt ausgestreckt auf der Erde lag, Zunge aus dem Maul hängend und vor sich hin döste. Mmh, würde eng werden, aber wahrscheinlich würde er sogar mit in mein Körbchen passen.

Das einzige Problem war, dass es den Meckerkönig nach wie vor gab. Er tauchte zwar höchstens bei uns auf, um Frauchen abzuholen, aber sie verbrachte weiterhin unangemessen viele Abende mit dem Typen, was bedeutete, dass sie nicht zu Hause und somit auch nicht bei ihrer geliebten Holly war.

„Ich glaube, wir müssen langsam mal nach Hause, Holly kriegt gleich Liegeschwielen, wenn sie noch lange so rumliegt“, erklärte Frauchen dem Typen.

Nein! Stopp! Das mit den Liegeschwielen war nur ein Witz gewesen! Ich sprang auf und drückte mich an die Beine von Boos Herrchen, um anzuzeigen, dass ich meine Wahl getroffen hatte.

„Du bist ja eine Hübsche“, sagte er und kraulte meinen Kopf.

Ja, ich sehe gut aus, aber schau dir mal mein Frauchen an, die ist auch nicht schlecht. Ich schleckte seine Hand ab. Frauchen kann auch super schlecken. Wenn der nicht so ein Idiot wäre, würde ich sogar vorschlagen, dass man den Meckerkönig zu ihren Schleckerfähigkeiten befragen könnte.

„Holly komm, wir müssen wirklich los.“

„War nett, Sie kennenzulernen“, sagte Boos Herrchen. „Vielleicht treffen wir uns mal wieder.“

„Ja, vielleicht“, stimmte Frauchen zu.

Auf jeden Fall und unbedingt treffen wir uns wieder! Ich stupste Frauchen an, damit sie etwas mehr Einsatz zeigte.

„Ja, Holly, schon gut, wir gehen nach Hause und du bekommst dein Fressen", sagte sie beruhigend.

Sehr gut, das Fressen bitte direkt, nachdem wir zu Hause angekommen sind, aber vorher verabrede dich mit Boos Herrchen!

Begriffsstutzig, wie sie war, marschierte Frauchen los. Ich blieb sitzen und sah Boos Herrchen an. Der sah Frauchen nach. Ich sah Boo an. Der lag immer noch auf der Erde und ließ seine Zunge in den Sand hängen. Typisch Mann, der hatte natürlich nichts mitgekriegt. Gleich würde Frauchen mich rufen und weg waren wir.

„Holly!"

Ich trottete widerwillig zu Frauchen. Es gab nichts, was ich als Hund noch für ihr Glück hätte tun können.

Teil 3

Die Schicksals-Fortbildung

36.

Einer der Lieblingssprüche von Menschen ist: wie schnell die Zeit vergeht. Ich kann mich dem nur anschließen, denn ganz plötzlich, wie aus dem Nichts, hatte ich Geburtstag. Das war super, bedeutete aber leider auch, dass ich mit der „Ich bin doch nur ein kleiner Hund"-Nummer endgültig nicht mehr durchkam. Ich war ausgewachsen, hatte eine Schulterhöhe von 60 Zentimetern erreicht und brachte 28 Kilo auf die Waage. Ich war ein richtiger Hund geworden.

Da ich zwar ein richtiger, aber immer noch ein junger Hund war, versuchte ich die „Ich bin in der Hundepubertät"-Nummer. Die zog bei Frauchen leider überhaupt nicht, was wohl daran lag, dass sie bereits zwei Menschenkinder in der Pubertät hatte und ihre Leidensfähigkeit erschöpft war. Mir blieb also nicht viel anderes übrig, als erwachsen zu werden. Dies bedeutete, mich von weiteren lieb gewonnenen Angewohnheiten zu trennen. Schinkenbrote, Spülmaschinen und Schuhe gehörten sowieso schon länger der Vergangenheit an. Die Hocheskalationsphasen in Außenbereich-Situationen wie dem Grunewald waren auf ein Minimum reduziert worden und ich ging fast immer, na gut, meistens, jaja oft, brav an der Leine. Wie genau all das passiert war, wussten weder Frauchen noch ich, vielleicht lag es daran, dass dunkle Wolken über unserem Familienhimmel aufgezogen waren. Und ich lernte, dass man als Hund seinen Menschen manchmal einfach nur trösten muss, indem man besonders lieb ist – das nennt man wohl erwachsen sein.

Wir waren lange nicht im Büro, oder? Frauchen und ich gingen da natürlich dauernd hin, ich habe nur lange nicht mehr darüber berichtet. Der Alltag dort hatte sich eingespielt, alles lief nach Plan ab, für einen Gewohnheitshund wie mich perfekt. Die Besuche vom Beagle-Boris in unserem Büro ganz hinten waren tatsächlich so etwas wie die Highlights meines Arbeitstages geworden. Auch die anderen Kollegen kamen immer mal wieder vorbei, der ganze große Welpentourismus der frühen Tage war jedoch verebbt. Das war auch vollkommen in Ordnung. Frauchen hatte die Box mit einem weichen Hundebett ersetzt und in dem schlief ich gemütlich durch Telefonate, Faxe, E-Mails und sogar Kundengespräche.

Mir war das übrigens vollkommen unverständlich, warum ich den Kunden verschwiegen wurde, als wäre ich eine wandelnde ansteckende Krankheit. Wenn ich mal ganz zufällig unbemerkt von Frauchen den fremden Stimmen gefolgt war, die ich irgendwo aus dem Büro hörte, löste ich stets große Begeisterung aus. Ich wurde gestreichelt und meine weitere Anwesenheit im großen Konferenzzimmer eingefordert, weil es kaum etwas Schöneres als einen Bürohund gebe. Und außerdem wurde ich als besonders lieb, hübsch und süß gepriesen. Meine Anwesenheit schien aber leider auch irgendwie der Konzentration der Kunden bei der gewünschten Vertragsunterzeichnung abträglich zu sein. Ich sah wirklich nicht, wie das mein Fehler hätte sein können, ich war nur da. Mehr nicht. Ehrlich.

Trotzdem, sogar der Oberchef liebte mich und kam bei seinen seltenen Besuchen in unserer Berliner Niederlassung immer zuerst zu mir, um mich zu streicheln und zu sagen: „So ein Bürohund ist doch was Gutes, der beruhigt die Atmosphäre so wunderbar."

Unter uns gesagt, ich wusste nicht, wie der Mann es so weit gebracht hatte, eine Vermögensverwaltung zu leiten. Sicher nicht mit seiner Menschenkenntnis. Er lag mit seiner Büro-Atmosphären-Analyse so dermaßen daneben, dass er einem fast leidtun konnte. Im Büro herrschte nicht dicke Luft, es herrschte Krieg. Und den hatte die Bürozicke angefangen. Ich hatte ihre negativen Vibes, wie Sie wissen, bereits als Welpe gespürt und mich, wie ebenfalls bekannt, tunlichst von der Frau ferngehalten. Mittlerweile war sie so schlecht gelaunt, dass es ihre miese Stimmung wie Nordseewellen bei Orkan durchs Büro flutete. Dies ging sogar an Beagle-Boris nicht unbemerkt vorbei.

„Holly geht nie zu Vanessa", bemerkte er eines Tages im Beisein der Zicke in der für ihn typischen Trottelart. Und wenn Sie mich fragen, war das der Anfang vom Ende, die Kriegserklärung, die die Zicke gebraucht hatte, um gegen Frauchen und mich endgültig in den Kampf zu ziehen.

Vanessa hob ihren Kopf bei seiner Bemerkung leicht an, was nur ich bemerkte, für die anderen sah es aus, als würde sie wie gewöhnlich, wenn meine Groupies auftauchten, konzentriert weiterarbeiten. Aber ich hatte die kleine Bewegung gesehen und sofort gespürt, wie ein eiskalter Hauch zu mir herüberzog. Ich gebe zu, ich hatte in den vergangenen Wochen mit großer Begeisterung die Harry-Potter-Filme mit den Mädchen durchgesuchtet und musste sofort an Dementoren denken. Jene unwirklichen Kreaturen, die das Lebensglück aus Hexen und Zauberern herauszogen.

„Der Hund riecht neuerdings doch recht stark“, sagte die Zicke, kaum war der Boris aus dem Zimmer gewackelt.

„Ich rieche nichts“, Frauchen sah nicht mal von ihrem Computer hoch, doch in dem Moment verstand ich, dass sie keineswegs wie ein Labrador gutmütig-bräsig die schlechte Laune der Zicke ignoriert hatte. Im Gegenteil, sie hatte immer gewusst, dass mit der Zicke nicht gut Kirschen essen war und dass der Tag kommen würde, wo ein Kampf nicht mehr zu vermeiden war. Sie hatte lediglich versucht, diesen Tag hinauszuzögern, so lange es irgend ging.

Da Menschen nur Menschen sind, standen die beiden nicht auf, stellten nicht ihre Nackenhaare auf, knurrten nicht dreimal und gingen nicht aufeinander los, um die Sache ein für alle Mal zu klären. Das wäre viel zu einfach gewesen. Es begann ein Kleinkrieg, der sogar mich zermürbte, und ich schlief, wie erwähnt, die meiste Zeit in meinem Hundebett.

„Hast du das Schreiben gesehen, das auf meinem Tisch lag?

Warum war ich nicht im Verteiler der E-Mail, die du gerade rumgeschickt hast?

War gestern jemand im Büro, nachdem ich weg war, da steht benutztes Geschirr auf meinem Schreibtisch?“

So oder so ähnlich ging es von morgens bis abends. Frauchen fragte und die Zicke schüttelte bedauernd den Kopf. Natürlich hatte sie nichts gesehen oder weggenommen oder vergessen. Wenn ich nicht schon gedacht hätte, dass Frauchen die Tollste, Beste, Klügste, Schönste und vor allem Ausdauerndste auf der Welt war, hätte ich nun damit angefangen. Die Frau nahm die kleinen Gehässigkeiten der Zicke mit einem Lächeln auf dem Gesicht hin. Die Frau war eine Heilige, leider war ihre

Strategie des Abwartens und gute Miene zum bösen Spiel machen von Grund auf falsch.

Mein Verständnis der Menschensprache war mittlerweile hervorragend, leider vermochte ich weiterhin nicht, sie zu sprechen. Was ein Drama war, denn sonst hätte ich Frauchen mitteilen können, dass es einen guten Grund gab, warum es Dinge gab, bei denen Handeln die einzige richtige Reaktion war.

Welcher Hund hatte jemals ein Leckerchen bekommen, war unplanmäßig spazieren gegangen oder hatte mit seinem Herrchen oder Frauchen eine Runde im Garten gespielt, wenn er still darauf gewartet hatte? Genau. Keiner. Große Hundeaugen, sanfte Nasenstupser, Winseln, Bellen, Pfötchengeben. All das brachte einem zum Ziel. Im Körbchen warten. No way. Das war das angebrachte Mittel, wenn man etwas verbrochen hatte. Frauchen hatte nichts verbrochen, außer sich den besten Hund der Welt anzuschaffen. Was wohl kein Verbrechen sein konnte. Sie musste also handeln.

Immerhin, Frauchen war nicht allein. Die Kollegen waren auf ihrer Seite. Wenn wir dieser Tage das Büro betraten, erntete sie mitleidige Blicke, gelegentlich ein Schulterklopfen oder ein „Ach herrje, hat Vanessa dir nicht gesagt, dass die Besprechung um zehn Uhr statt um elf Uhr ist?“

Aber die Kollegen wussten so gut wie ich, dass Frauchen ihren Kampf alleine kämpfen musste. Und eines Tages war sie bereit dazu.

Die Bürozicke hatte Frauchen seit Wochen mit verlegten Papieren, angeblich verschobenen Terminen und Ähnlichem gequält, außerdem hatte sie bei jeder Gelegenheit ihre Nase gerümpft und sich über den Hundegeruch im Büro beschwert.

All das hatte Frauchen, wie gesagt, ruhig über sich ergehen lassen und die Beschwerden über meinen angeblichen Geruch mit dem Spruch „Ich finde, der Hund duftet wie Rosenwasser“ abgetan.

Ich möchte bei der Gelegenheit anmerken, dass ich selbstverständlich überhaupt nicht roch. Es mag bei uns zu Hause die eine oder andere, aber sehr seltene Gelegenheit gegeben haben, dass mir ein winziger kleiner Pups herausgerutscht war, der vielleicht ein wenig gemüffelt haben könnte. Ausdrücke wie „Teufelsfurz“, „Stinkbombe“ oder „Pups-Pest“ waren jedenfalls vollkommen unangebracht, auch wenn sie gerne genutzt wurden. Und im Büro pupste ich sowieso so gut wie gar nicht.

Am Tag, der die Entscheidung einleiten sollte, kamen wir wie üblich von unserem Mittagsspaziergang zurück. Ich konnte bereits, kaum hatte ich die erste Pfote in den Raum gesetzt, ein Gefühl von Triumph spüren, das über dem Büro lag. Die Zicke saß an ihrem Schreibtisch und tat, als wäre sie schwer beschäftigt. Sie nickte Frauchen zu, die wie gewöhnlich ein freundliches „Da sind wir wieder“ rief, auf das sie keine Antwort bekam und auch nicht erwartete. Die Zicke blieb ruhig, bis Frauchen an ihrem Schreibtisch saß und ich in meinem Körbchen war.

„Du, Caroline“, begann sie und Frauchen zuckte zusammen, dass der Eddie sich überlegen sollte, ob er nicht ein paar Stunden in der Erschreck-Schule der Zicke nehmen sollte.

„Ja“, antwortete Frauchen vorsichtig, da die Zicke sie sonst nie mit Namen und eigentlich überhaupt nicht ungefragt ansprach.

„Ich habe mal nachgeschaut, wer hier im Büro so was macht und ein bisschen die Arbeitszeiten überprüft. Ich habe dich natürlich nicht kontrolliert, aber mir ist aufgefallen, dass du deine Mittagspause ständig überziehst.“

Frauchen sah die Zicke lange an, die zufrieden an ihrem Tisch saß.

„Und?“

„Das ist schon ungerecht den anderen gegenüber, die arbeiten, statt länger Mittagspause zu machen.“

„Ist es das?“ Den Tonfall kannte ich von Frauchen nicht. Er klang gefährlich.

„Ja, das ist es. Deswegen habe ich eine kleine Zusammenstellung gemacht, wie oft du deine Pause überzogen hast. Habe ich auch schon in die Zentrale nach Nürnberg gemailt, von wegen Transparenz und so.“

Frauchen zog die Augenbrauen hoch, ich hätte es ihr nachgetan, wenn ich gewusst hätte, wie Hund das macht. In Nürnberg saß der Oberchef, der manchmal vorbeikam und mir Würstchen versprach, die er nie mitbrachte. Ich mochte ihn trotzdem, denn er war ein hervorragender Krauler und außerdem sagte er immer zu Frauchen, dass er nicht wisse, was er ohne sie tun solle, was Frauchen gut gefiel.

„Wenigstens einer, der schätzt, was ich mache“, pflegte sie zu sagen, wenn wir nach der Arbeit im Auto saßen.

„Aha.“ Frauchen schaute konzentriert auf ihren Bildschirm. Sie sah ein bisschen aus, als halte sie die Luft an.

„Ich habe bisher keine Antwort auf meine Mail bekommen, aber ich denke, jeder wird mir zustimmen, dass es Sinn macht, die Aufgaben gerecht aufzuteilen“, sprach die Zicke weiter. „Mit dieser Liste ist es ein Kinderspiel. Ich habe da mal aufgeschrieben, wer was wann machen kann. Ich denke, das ist ganz in deinem Sinne, damit alle zufrieden sind und sich niemand vor der Arbeit drückt.“

Sie schob Frauchen ein Blatt Papier über den Schreibtisch zu, das diese nahm und kurz ansah.

„Nein.“

Ich schwöre, mir blieb mein Hundeherz stehen. Ich hatte

Frauchen noch nie so erlebt. Ich meine, sie konnte zu Hause schon streng sein, zu den Mädels und zu mir, aber sie war doch immer Frauchen. Warm, weich, die, die immer ein Leckerchen in der Tasche hatte, die den Futternapf auch mal auffüllte, obwohl es noch ein bisschen zu früh war. Das Frauchen, das mich wochenlang auf ihrem Bauch hatte schlafen lassen, obwohl sie am nächsten Tag Rückenschmerzen hatte. Und erst als sie keine Luft mehr bekam, weil ich viel zu schwer geworden war, gesagt hatte, dass ich die Nächte in meinem Körbchen verbringen müsse. Frauchen, die zwei quasi ungenutzte Boxen verkauft hatte, weil ich auch so der beste Hund der Welt war. Frauchen, die nachts losfuhr, um Karla irgendwo im Nirgendwo abzuholen, obwohl die gar nicht hätte ausgehen sollen. Frauchen, die im Winter die Heizung im Schlafzimmer anmachte, obwohl sie das hasste, aber Sorge hatte, dass mir kalt sein könnte. Frauchen, die niemals vom Einkaufen nach Hause kam, ohne einen kleinen Extra-Kauknochen für mich und die Lieblingsschokolade der Mädchen und ein Knuspermaus für Eddie. Also Frauchen, die immer versuchte, andere glücklich zu machen. Und dieses Frauchen sagte zum ersten Mal, seit ich sie kannte „Nein". Und das war ein „Nein" ohne Wenn und Aber.

„Was soll das heißen, nein?", fragte die Bürozicke nach. Sie schien ebenso verblüfft wie ich zu sein.

„Nein heißt, dass ich diesen Mist nicht mitmache." Frauchen deutete auf den Zettel vor sich. „Ich arbeite nur 30 Stunden pro Woche, soll aber exakt die gleiche Arbeit machen wie du in 40 Stunden. Die Antwort ist Nein. Du willst bestimmen, wann ich welche Aufgaben erledigen soll? Die Antwort ist Nein. Und du hast das alles nach Nürnberg geschickt, um mich anzuschwärzen, weil ich jeden Tag ein paar Minuten zu lange Mittagspause mache? Die Antwort darauf ist: Du kannst mich mal. Ich sage

Nein und weil es mir zu blöd ist, werde ich keine Liste nach Nürnberg schicken, auf der deine vermeintlichen Überstunden draufstehen. Denn dann könnte man dort auf die Idee kommen, dass deine Tage 30 statt 24 Stunden haben."

Frauchen sah die Zicke an, schaltete ihren Computer aus, stand auf und sagte: „Komm, Holly, wir gehen."

Ich trottete hinter Frauchen durch den Büroflur, der Gott sei Dank leer war. Wir schafften es ungesehen, selbst Beagle-Boris witterte unseren Abgang nicht, aus dem Büro zu kommen. Was gut war, denn draußen im Flur bemerkte ich, dass Frauchen weinte.

„Diese böse alte Hexe", schluchzte sie, kaum waren wir im Aufzug. „Ich habe immer gewusst, dass die irgendwann mit so was kommt."

Ich schleckte Frauchens Hand und drückte mich ganz eng an ihr Knie, um ihr zu zeigen, dass sie die Beste war und die blöde Bürozicke mich auch mal konnte.

„Die große Frage ist, Holly, was soll ich denn jetzt machen?"

Diese Frage beschäftigte Frauchen mehrere Tage. Wir gingen zwar ins Büro, aber Frauchen und die Zicke sprachen kein Wort mehr miteinander. Was dadurch vereinfacht wurde, dass Frauchen sich mit ihrem Arbeitslaptop an den Konferenztisch setzte und Anrufe auf ihr Handy umleitete.

„Eine langfristige Lösung ist das aber nicht", erklärte Beagle-Boris schließlich. Frauchen nickte traurig, als im gleichen Moment die Zicke in den Konferenzraum kam. „Das geht aber nicht, dass der Hund hier jetzt alles vollstinkt", stänkerte sie los.

Es herrschte einen Moment Stille. Dann stand Frauchen auf, klappte ihr Laptop zu, nahm meine Leine und sagte: „Holly, wir gehen. Und diesmal kommen wir nicht zurück."

37.

Es dauerte genau drei Wochen nach dem Tag, an dem Frauchen das letzte Mal ins Büro gegangen war, bis eine sehr wundersame Verwandlung in ihr abgeschlossen war. Sie war plötzlich entspannt. Okay, die erste Woche hatte sie mehr als nah am Wasser gebaut und bei jeder Gelegenheit losgeschluchzt, dass sie uns alle ins Verderben gestürzt habe, weil sie in ihrem biblischen Alter einen quasi unkündbaren Job aufgegeben hatte. Den Mädchen hatte sie lange Vorträge gehalten, dass sie ab jetzt alles, was sich in ihrem Kleiderschrank befand, „auftragen" müssten. Ich fand es schön, dass die Pubertiere dieses Wort offenbar genauso wenig kannten wie ich. Mir hatte Frauchen unterdessen mitgeteilt, dass ich meine Bröckchen zwar nicht auftragen müsse, mich aber schon mal auf ein billigeres Futter einstellen könne. Solange sie die Portion nicht verkleinerte, war das allerdings vollkommen in Ordnung für mich gewesen.

Ich hatte zugesehen, dass ich in diesen ersten Tagen besonders lieb war, und hatte Frauchens Nähe so oft wie möglich gesucht. Auch wenn ich dafür ständig zu hören bekommen hatte

„Holly, du bist doch kein Schoßhund", war mir klar gewesen, dass Frauchen insgeheim sehr froh gewesen war, wenn ich bei jeder Gelegenheit meine Schnauze auf ihr Knie gelegt oder versucht hatte, neben sie aufs Sofa zu springen. Die Frau hatte Trost gebraucht und ihn von mir bekommen.

In der zweiten Woche begannen die ersten Veränderungen sich bemerkbar zu machen. Der Wecker klingelte nicht mehr um halb sechs und Frauchen begann den Tag nicht mehr mit den Worten „Ich hasse aufstehen". Wir rannten auch nicht mehr im gestreckten Schweinsgalopp im Dunkeln um die Häuser und Frauchen suchte nicht mehr mit dem Licht ihres Handys meine Hinterlassenschaften zusammen. Sie hängte nicht mehr fluchend Wäsche auf und räumte die Spülmaschine aus, während sie mit sich kämpfte, Karla und Frida nicht zu erwürgen, die seelenruhig mit ihren Handys am Frühstückstisch saßen und maximal sprachen, um sich über das von Frauchen geschmierte Brot zu beschweren. Wir fuhren danach nicht mehr unter wüsten Verfluchungen der anderen Verkehrsteilnehmer ins Büro, wo Frauchen sich einen Kaffee machte und das erste Mal am Tag zu atmen schien.

Nein, das alles änderte sich. Frauchen stand gechillt um kurz nach sechs Uhr auf, deckte den Frühstückstisch, zwang die Mädchen, sich ihre Brote selber zu machen und sich mit ihr zu unterhalten, was erstaunlicherweise gar nicht so schlecht ankam. Wenn Frida und Karla zur Schule aufgebrochen waren, gingen Frauchen und ich eine extra große Runde, dann setzte sie sich an den Schreibtisch. Dort überkamen sie allerdings noch gelegentliche Panikattacken, die sich in Ausrufen wie „Ich muss doppelt so viele Bücher wie früher schreiben, wie soll das funktionieren" ausdrückten, die ich allerdings gemütlich überschlief.

Auch die Nachmittage waren für uns alle deutlich entspannter. Frauchen schrieb, danach kochte sie in Ruhe, die Menschen aßen zusammen und wir brachen auf zu einem weiteren langen Spaziergang.

Das Leben war schön. Der geneigte Leser ahnt bereits, dass das nicht so bleiben konnte. Am Ende von Woche drei ohne Büro war Frauchen dermaßen tiefenentspannt, dass sie auf jede Menge dumme Ideen kam. Was die Pubertiere anging, bedeutete dies, dass plötzlich Zeit war, zu kontrollieren, ob ihre Zimmer wirklich aufgeräumt waren. Natürlich waren sie das nicht. Früher war dies mit bösen Blicken und einem „Wenn es heute Abend nicht aufgeräumt ist, gibt es richtig Ärger", der Abfahrt ins Büro und Vergessen bis zum nächsten Tag bestraft worden. Jetzt hatte Frauchen Zeit, sich in das besagte Zimmer zu setzen und dem Sanierungsprozess zuzuschauen. Gleiches galt für Hausaufgaben und Aufgaben wie Wäschefalten und Spülmaschineausräumen, die Frauchen früher erledigt hatte, weil es zeitintensiver war, ein Pubertier dazu zu zwingen, als es selbst zu machen.

Auch die abendlichen Ausgehzeiten von Karla wurden plötzlich kontrolliert, da Frauchen nicht mehr vor Erschöpfung den Wecker überschlief, den sie sich für Mitternacht gestellt hatte, wenn Karla eigentlich zu Hause hätte sein sollen. Da das Kind niemals seine Dankbarkeit ausgedrückt hatte, dass ich ihre Ankünfte, die oft erst gegen zwei Uhr morgens stattfanden, nicht lautstark bellend begleitet hatte, verspürte ich keinerlei Mitleid mit ihr. Im Gegenteil, wenn Frauchen nun hinter der Haustür auf sie lauerte, um sie erst zu Tode zu erschrecken und sie im Anschluss zusammenzufalten, dass sie in eine Streichholzschachtel gepasst hätte, empfand ich das nur als gerecht.

Weniger positiv empfand ich die Tatsache, dass Frauchens

neue Entspanntheit ebenfalls bedeutete, dass sie mehr Zeit für den Meckerkönig hatte. Ich war regelrecht geschockt, als mir aufging, dass sie bislang nicht die meisten Abende zu Hause geblieben war, weil sie so gerne Zeit mit mir verbrachte. Nein, sie war einfach zu müde gewesen, um auszugehen. Und das holte sie jetzt nach. Dies wiederum hätte ich ganz gerne Karla gesteckt. Denn nicht selten stürmte Frauchen selber erst um 23:58 Uhr ins Haus. Nur um danach ihr eigen Fleisch und Blut wegen unnötiger nächtlicher Umtriebigkeit anzufallen wie ein hungriger Tiger die letzte Gazelle auf der Steppe, sollte es auch nur eine Minute nach Mitternacht das Haus betreten.

Da ich nur ein Hund war, blieb mir nicht viel anderes übrig, als mein Schicksal der Verlassenen zu akzeptieren und mich mit der anderen „Übriggebliebenen" zu solidarisieren. Frida und ich lagen zuverlässig bis 23:56 Uhr auf dem Sofa und schauten aus reinem Protest Fernsehserien, die erst ab achtzehn waren, gruselten uns zu Tode und beruhigten unsere Nerven mit Schokolade und Kauknochen. Wir schliefen selbstredend beide tief und fest, wenn Frauchen kurz nach uns schaute, bevor sie ihren Karla-Überfall-Wachposten hinter der Haustür bezog. Loyal wie Hunde eben sind, verzichtete ich übrigens klaglos auf meine Nacht-Gassi-Runde, um Frida nicht zu verraten, die natürlich jedes Mal vergaß, mich rauszulassen, wenn sie brav um 22 Uhr ins Bett ging. Was sie schließlich auch nicht tat, da war es nur konsequent, dass sie mich auch nicht mehr rausließ.

Was mich anging, überwogen die Vorteile des verlorenen Machtkampfs mit der Bürozicke ganz eindeutig die Nachteile. Leider nur bis zu jenem Tag, an dem Frauchen von ihrem Computer hochsah und mich intensiv musterte. Rein zufällig war es der gleiche Tag, an dem ich morgens erst ein halbes Brötchen gefressen hatte, das allein und verlassen am Straßenrand gelegen und um Erlösung gebettelt hatte, bevor es unter dem dreckigen Reifen eines Autos endete. Eventuell war es sogar der gleiche Morgen gewesen, an dem ich mit meinem Hundefreund Mr. T im Park einen Rosenbusch ausgegraben und mich dabei von Frauchens Rufen mal ganz kurz nicht hatte stören lassen.

Frauchen sah mich also lange an, legte den Kopf schief und sagte schließlich: „Holly, ich glaube, es ist an der Zeit, dass ich mit dir in die Hundeschule gehe.“

38.

Glauben Sie an Schicksal? Bestimmt. Menschen müssen immer alles erklären und wenn sie mal keine Erklärung haben, war es eben Schicksal. In diesem besonderen Fall ist die wichtigere Frage allerdings: Glauben Hunde an Schicksal? Ehrlich gesagt ist Schicksal uns Vierbeinern vollkommen wurscht, solange der Napf voll ist, am besten mit Wurst, wir gestreichelt werden und lange Spaziergänge mit uns gemacht werden. Wenn es so etwas wie Schicksal wirklich geben sollte, hatte dieses Schicksal allerdings definitiv ausgerechnet mich auf dem Kieker. Offenbar verlangte es eine Wiedergutmachung von mir für die Spülmaschine, den Autolack, diverse BHs und Schuhe oder was auch immer sonst ich – immer in bester Absicht oder weil es eben nicht anders ging natürlich – eventuell kaputt gemacht hatte.

Da ein Flattie ein ewiger Optimist ist, entschloss ich mich, meine bevorstehende schmerzvolle Prüfung durch das Schicksal anders zu sehen. Ich war auserkoren worden, um unter Schmerzen dafür zu sorgen, dass Frauchen ihr Glück finden würde. Und wissen Sie, was dieses blöde Schicksal gemacht hat? Es hatte vergessen, Frauchen auf den Verteiler zu setzen. Sie verstand mal wieder gar nichts und am Ende … Am Ende war nix mit Schicksal, aber dazu kommen wir später.

Hundeschule. Hundeschule? Hundeschule! Egal, wie ich es drehte und wendete, das Wort hatte, von Frauchen ausgesprochen, irgendwie etwas Drohendes an sich. Wenn man Karla und Frida glauben durfte, war Schule so etwas wie eine Bestrafung, die der Teufel persönlich sich hatte einfallen lassen, und zwar nicht für die Bösen, sondern für die Guten und die Unschuldigen. Ich nahm an, dass es bei einer Hundeschule nichts anderes sein konnte. Ich war mittlerweile so ungefähr der bravste Hund der Welt, von einigen kleinen Ausrutschern wie dem Rosenbusch mal abgesehen. Ich stand eindeutig auf der Seite der Guten. Da Frauchen Karla und Frida mit Schule bestrafte, warum sollte es mir besser gehen?

Ich wartete also gottergeben jeden Morgen, nachdem die Pubertiere das Haus verlassen hatten, darauf, dass auch ich in die Vorstufe der Hölle geschickt wurde. Doch nichts geschah. Fand ich auch wieder blöd, so ein Leben in Erwartung der Höchststrafe wünscht man keinem Hund an den Hals. Stattdessen fuhr Frauchen dieser Tage sogar öfter mit mir in den Grunewald, sie hatte schließlich ohne Büro endlich mehr Zeit dafür. Was ich gut fand und noch besser fand ich, als ich eines Morgens durchs Unterholz peste und plötzlich ein vertrauter Geruch in der Luft lag. Konnte es wirklich sein? Ich hob die Nase und stand ganz still, um zu riechen, aus welcher Richtung meine Fährte wehte. Dann rannte ich los.

Frauchen brüllte hinter mir her wie der Teufel hinter der armen Seele, was ich ignorierte, das konnte sie sich getrost für die Hundeschule aufsparen. Außerdem war ich gewissermaßen in ihrem Sinne unterwegs. Und tatsächlich, da stand er. Ganz still, die Nase in meine Richtung haltend. Er hatte mich auch gerochen. Boo!

Wir zündeten beide den Raketenantrieb und rannten aufeinander zu. War das eine Wiedersehensfreude. Aus den Augenwinkeln sah ich, wie Frauchen mit hochrotem Kopf und keuchend vor Boos Herrchen zum Stehen kam. Mist. Sie trug natürlich diese unvorteilhafte Jeans, von der sie neulich gesagt hatte, dass die schrecklich sei, aber für die Hunderunde ginge sie gerade noch. Sie sehen schon, ein Hund hat durchaus ein Langzeitgedächtnis und ich hatte keineswegs vergessen, dass Boos Herrchen doch bitte den Meckerkönig ersetzen sollte.

Es war also eine der reinsten Formen der Aufopferung, dass ich mit Boo durchs Gehölz jagte, um den beiden Menschen genügend Gelegenheit zu geben, zu klären, was ihre Hunde schon lange wussten.

Ich hatte gerade einen besonders raffinierten Haken geschlagen, als ich einen kurzen, aber heftigen Schmerz spürte. Autsch. Aber egal, ein Flattie kennt keinen Schmerz, wenn er Spaß hat. Ich rannte weiter, erreichte allerdings nicht mehr ganz meine Höchstgeschwindigkeit, was Boo veranlasste, stehen zu bleiben und auf mich zu warten. Was für eine Blamage. Ich sah nur einen Weg, aus dieser peinlichen Situation herauszukommen. Ich tat, als hätte Frauchen mich gerufen, drehte mich um und trottete zu ihr.

Theoretisch hätte ich froh sein sollen, dass sie erneut so in das Gespräch vertieft war, dass sie mich nicht bemerkte, leider fiel so auf, dass diese treulose Tomate mich ganz sicher nicht gerufen hatte. Ich stupste sie leicht mit der Nase an und sie tätschelte meinen Kopf.

„Oh je, ich glaube, da ist was passiert“, sagte Boos Herrchen plötzlich.

Die beiden sahen mich an. Ihre Blicke sagten nichts Gutes aus. Ich fuhr mir mit der Zunge ums Maul. Nein. Ich hatte nichts Verbotenes gefressen. Ich war sogar ohne Rufen gekommen. Ich war derartig schuldlos und gut, dass ich direkt in die Schule gehörte.

„Holly, Süße, was hast du denn gemacht?", fragte Frauchen und klang ernsthaft besorgt.

Sie beugte sich und nahm meine Vorderpfote hoch.

„Das blutet aber ganz schön stark", bemerkte Boos Herrchen.

Frauchen wurde derweil hektisch, holte ein Paket Taschentücher aus ihrer Jacke und drückte ein paar gegen mein Bein. „Ich muss sie zum Tierarzt bringen, aber so wie das blutet, kann sie nicht durch den Wald laufen."

Mir war es klar. Frauchen war es klar. Und Boos Herrchen war es offenbar auch klar.

„Ich trage sie", sagte er und nahm mich so schnell hoch, dass ich gar nicht dazu kam, mich zu wehren.

Mittlerweile tat meine Pfote allerdings so weh, dass ich beschloss, dass ich auf seinem Arm ganz gut aufgehoben war. Frauchen drückte unterdessen immer neue Taschentücher auf meine Pfote, die sich jedoch in Windeseile rot färbten.

„Wir beeilen uns besser", sagte Boos Herrchen.

Boo hatte den Ernst der Situation ebenfalls erkannt und lief brav hinter uns her, während sein Herrchen mich trug und Frauchen eng neben ihm ging, um weiter Taschentücher an meinen Vorderlauf zu pressen.

39.

Als wir beim Tierarzt ankamen, waren sowohl Frauchen als auch der Sitz im Auto von Boos Herrchen ziemlich rot und ich fühlte mich irgendwie komisch. Meine Pfote spürte ich nicht mehr. Das war allerdings alles Geschichte, als wir an der Eingangstür ankamen. Tierarzt war Spaß pur, wen interessierte da schon eine kaputte Pfote. Überall Hunde und Katzen, es roch wie in einer Luxus-Parfümerie für Hunde, und einmal hatten wir sogar einen Papagei durchs Wartezimmer fliegen sehen, der seinem Herrchen entkommen war. Ein riesiges buntes Blatt, das ich selbstverständlichen zu fangen versucht hatte. Aber das ist eine andere Geschichte.

Frauchen hatte mir im Auto aus Taschentüchern und einem alten Schal, den Boos Herrchen spendiert hatte, so eine Art Verband um die Pfote gemacht und die Blutung damit zumindest so weit gestoppt, dass ich keine rote Spur mehr hinter mir ließ. Sie zog mich gegen meinen erklärten Willen an den Hunden im Wartebereich vorbei zum Empfangstresen. Die Tierarzthelferin musterte mich kritisch.

„Es hat wirklich ziemlich stark geblutet“, versuchte Frauchen die Situation zu dramatisieren, während ich genussvoll einen älteren Rhodesien Ridgeback ableckte, der hinter uns wartete und dessen Blick sagte, dass ich so was von verloren wäre, wenn er nur ein paar Jährchen jünger gewesen wäre. War er aber nicht und so schleckte ich, bis ein Dalmatiner reinkam, der so richtig Bock auf Spielen hatte. Genau wie ich.

„Nach einem Notfall sieht die nicht aus“, kommentierte die Helferin, während ich so stark an der Leine zog, dass ich Sternchen sah. Hui, das hatten wir lange nicht.

Doch, huch, was war das? Boos Herrchen hatte mich einfach wieder auf den Arm genommen. Der war ja drauf.

„Glauben Sie mir, der Hund hat extrem geblutet“, sagte er mit einem bestimmenden Tonfall, dass ich mir nicht mehr sicher war, ob ich einen derartigen Alpha-Menschen wirklich in unserem Haus haben wollte.

„Gut, ich sehe, was ich machen kann“, zwitscherte die Tierarzthelferin und lächelte plötzlich, als habe sie im Lotto gewonnen.

Ich sagte bereits, Boo und sein Herrchen sahen beide gut aus. All dies ging an Frauchen vollkommen vorbei, sie streichelte die ganze Zeit meinen Kopf und murmelte etwas in der Richtung, dass auch wirklich nur ich es schaffen könne, mitten im Wald in eine Scherbe zu treten.

Was soll ich sagen, ich schaffte noch viel mehr. Nachdem eine sehr nette Tierärztin zuversichtlich erklärt hatte, dass solche Verletzungen oft viel schlimmer aussähen, als sie seien, machte sie meinen Verband auf.

„Oh“, war ihre Diagnose.

„Wie schlimm ist es?“, hakte Frauchen nach, da kam eindeutig die Journalistin, die sie früher mal gewesen war, in ihr durch.

Hintergrundwissen ist alles.

„Kann ich leider nicht sagen, es blutet zu stark. Das muss auf jeden Fall richtig genäht werden. Ich gehe gleich mal zu unserem Chirurgen und frage, wann er Zeit hat“, erklärte die Tierärztin und weg war sie.

Was nun folgte, war so ziemlich das Allerletzte. Ich fragte mich ernsthaft, ob das jetzt am Ende schon diese Hundeschule war, die Frauchen mir angedroht hatte. Meine Pfote wurde mit einem weißen Etwas eng umwickelt und ich von einem mir vollkommen fremden Mann in ein kleines Zimmer verschleppt. Dort stand ein anderer Mann in Grün mit passendem Käppi. Alles sehr merkwürdig. Bis zu diesem Punkt, denn nun wurde es unheimlich. Frauchen, die uns nachgeschlichen war, streichelte ein letztes Mal meinen Kopf und ging. Sie haben richtig gelesen. Sie ging. Raus. Aus der Tür. Ließ ihr Holly-Schätzchen allein mit dem grünen Marsmenschen. Ich wollte gerade losheulen wie ein Welpe auf Mama-Entzug, als der Marsmensch mir in die heile Pfote pikste, mich angrinste und sagte: „Dann schlaf mal schön, Kleine.“

Und weg war ich.

40.

Es roch merkwürdig, als ich wieder aufwachte. Ich hob den Kopf und ließ ihn gleich wieder fallen. Noch nie in meinem Leben war ich so müde gewesen. Jemand streichelte mich. Frauchen. Mit letzter Kraft leckte ich über ihre Hand.

„Holly, Schätzchen, bin ich froh, dass ich dich wiederhabe."

Ich bin auch froh, dass ich dich wiederhabe Frauchen.

Ich öffnete ein Auge und sah ein weiß-rosa Ungetüm, dort wo eigentlich meine Pfote sein sollte. Was war das? Ich versuchte aufzustehen, was durch das Ding nicht unbedingt einfach wurde.

„Da ist ja jemand schon wieder wach und fit", hörte ich plötzlich die Stimme des Marsmenschen. Der hatte mir gerade noch gefehlt mit seinem blöden Grinsen.

„Leider war die Verletzung deutlich schlimmer, als wir gedacht hatten", sagte er nun zu Frauchen. „Keine Ahnung, wie Ihr Hund das hingekriegt hat, aber die muss mit einer solchen Wucht über etwas Scharfes gelaufen sein, dass sie sich alle Blutgefäße und die Sehne durchtrennt hat, ging bis auf den Knochen der Schnitt."

„Um Himmels willen", war alles, was Frauchen zu sagen hatte.

„Ein Glück, dass Sie so schnell hergekommen sind, wir konnten die Sehne rechtzeitig flicken. Viele Ruhe, so wenig Bewegung wie möglich, dann wird das wieder."

Ich sah von Frauchen zum Marsmenschen und wieder zu Frauchen. Ruhe? Ernsthaft?

„Können Sie Ruhe etwas genauer definieren?", fragte Frauchen zaghaft.

Der Marsmensch lachte schon wieder so blöd. „Ich weiß. Sie sind stolze Besitzerin eines Flatties, und die kennen keine Ruhe. Wenn Ihr Hund nicht für den Rest seines Lebens humpeln und Schmerzen haben soll, müssen Sie dafür sorgen, dass sie sich nicht bewegt. Mindestens zwei Wochen lang."

Ich sprang zu seinen Worten auf. Im hinteren Teil des Raumes hatte ich einen anderen Hund entdeckt, der genau wie ich auf einer Decke lag und vor sich hin döste. Bestimmt hatte der auch null Lust auf Ruhe.

„Zwei Wochen können sehr lang sein", murmelte Frauchen und drückte mich wieder auf den Boden.

Genau wie ich hatte sie zu diesem Zeitpunkt keine Ahnung, dass der Marsmensch ein Lügner vor dem Herrn war. War aber auch egal, ich hatte offenbar noch ein ganz anderes Problem.

„Krause oder Body?", fragte der Marsmensch Frauchen, die ihn ansah, als käme er wirklich vom Mars und würde nicht nur eine für einen erwachsenen Mann lächerliche grüne Uniform tragen.

„Sie wird sicher an der Wunde schlecken wollen und versuchen, den Verband irgendwie loszuwerden", erklärte der marsianische Tierarzt. „Wollen Sie eine Halskrause oder einen Body, damit sie sich nicht schlecken kann." Dann lachte er diabolisch. „Wobei mir gerade auffällt, für den Schutz der Pfote nützt ein Body gar nichts. Krause?"

„Wir versuchen es mal ohne", sagte Frauchen, ihren Worten fehlte allerdings die Überzeugung, dass dies wirklich eine gute Entscheidung war.

„Kein Problem, Sie müssen morgen früh sowieso zum Verbandswechsel kommen. Dann können Sie die Krause immer noch mitnehmen."

Und mit diesen Worten verließ das grüne Männchen den Raum. Frauchen und ich taten es ihm nach und ich gab auf dem Weg zur Kasse schon mal eine kleine Kostprobe, wie schwer genau es sein würde, mich ruhig zu halten. Sehr schwer. Obwohl ich mit dem weiß-rosa Verband nur humpeln konnte. Aber da saß so eine Boxer-Hündin und sabberte vor sich hin. Die schrie förmlich danach, von mir abgeschleckt zu werden. Frauchen ihrerseits gab mir eine Kostprobe, dass sie durchaus durchsetzungsfähig „Nein" brüllen konnte. Dieses „Nein" wurde noch effektiver, nachdem sie die Rechnung bezahlt hatte.

Ich möchte mir nicht vorstellen, wie effektiv ihr Schrei gewesen wäre, wenn sie damals schon gewusst hätte, wie viele noch zu zahlende Verbandswechsel in den kommenden Wochen folgen würden.

41.

„Der Hund ist irgendwie komisch.“

Es war Abend geworden. Karla stand vor mir und hatte den Kopf schiefgelegt, als würde sie betteln. Bei mir war allerdings nichts zu holen, außer diesem bescheuerten Verband um meine Pfote, den konnte sie gerne haben. Ich sah sie kurz an und ließ meinen Kopf erschöpft zurück auf den Rand meines Körbchens sinken.

„Das sind die Schmerzmittel, die machen sie müde“, erklärte Frauchen.

„Hoffentlich wird sie nicht abhängig, in der Serie auf Netflix neulich, da ging das ratzfatz.“ Karla musterte mich. „Dann haben wir einen Drogenhund, der das Zeug, das er findet, sofort selbst konsumiert. Da könnte man glatt selber eine Serie draus machen.“

Frida betrat die Küche und rollte vorsichtshalber zur Begrüßung mit den Augen, was Frauchen mit dem üblichen genervten Stöhnen quittierte.

„Der Hund ist irgendwie komisch“, befand nun auch Frida.

„Die ist auf Drogen, voll high, der Köter", erklärte Karla ihrer kleinen Schwester.

„Lasst den armen Hund in Ruhe", sagte Frauchen mitfühlend und setzte sich neben mein Kissen, um mich zu streicheln. „Wenn ihr so eine schwere Operation gehabt hättet, würdet ihr nicht so brav in euren Betten liegen, sondern den ganzen Tag heulen und euch von hinten bis vorne bedienen lassen."

„Wenn sie abhängig von ihrem Schmerzmittel wird, bleibt sie so." Karla sah ihre Mutter triumphierend an. „Du wolltest doch unbedingt, dass Holly endlich ruhiger wird."

Ich werde niemals erfahren, ob Frauchen diese Maßnahme in Betracht zog, um ihre Wünsche zu erfüllen, denn in diesem Moment klingelte das Telefon. Nachdem Frauchen so lange in ihr Handy gesprochen hatte, dass Karla und Frida unbemerkt jede mit einem Schokoladenriegel aus der Küche verschwunden waren, legte sie endlich auf.

„Das war Boos Herrchen. So ein netter Mann. Hat sich erkundigt, wie es dir geht, und seine Hilfe angeboten. Dabei hast du ihm das ganze Auto versaut. Er will nicht mal das Geld für die Reinigung", ließ Frauchen mich wissen. „Ich muss ihm unbedingt ein Geschenk kaufen, um mich zu bedanken."

Ich sah Frauchen lange an. Mir war etwas schwummerig zumute. Es war klar wie Kloßbrühe, dass Boos Herrchen genau das war, was Frauchen brauchte. Boos Herrchen wusste das auch. Boo ebenfalls. Die Einzige, die das nicht verstand, war Frauchen. Nun könnte ich sagen, dass ich tatsächlich auf Drogen war und deswegen nichts unternahm. Doch das wäre eine Lüge gewesen und für die war der Marsmensch zuständig. Nein, auch ohne Pfotenverband und Schmerzmittel bis zur Rute intus hätte ich nicht mehr tun können, als ich genau in diesem Moment tat, um Frauchen zu ihrem Glück zu verhelfen. Und das war nichts. Am Ende des Tages war ich nur ein Hund, so unglaublich das erschien. Immerhin fand ich selber gelegentlich, dass ich eigentlich ein besserer Mensch war, aber meine Möglichkeiten waren begrenzt auf das, was man stumm und mit vier Pfoten oder in diesem Fall drei Pfoten erreichen konnte. Wenig also.

Was ziemlich blöd war, denn das Telefon klingelte schon wieder und an der gesäuselten Begrüßung konnte ich durch meine Benommenheit hören, dass es nur der Meckerkönig sein konnte. Na toll. Der hatte gerade noch gefehlt.

„Nein, leider heute Abend wird es nichts. Die Operation war schwieriger als gedacht und ich möchte Holly nicht alleine lassen die ersten Tage."

Es herrschte eine ganze Zeit Stille, während Frauchen konzentriert zuhörte, was der Meckerkönig vorzutragen hatte.

„Nein, die Mädchen sind Teenager, das ist ein anderes Wort für unzuverlässig. Ich kann Holly nicht einfach bei Frida und Karla lassen. Entweder gehen sie nicht mit ihr raus oder sie spielen Ball mit ihr und dann kann der Hund nie wieder richtig laufen. Du weißt doch, wie Kinder in dem Alter sind."

Es ging eine ganze Zeit lang hin und her, dann legte Frauchen auf.

„Blödmann", murmelte sie, setzte sich neben mein Hundebett und streichelte meinen Kopf. „Als würde ich dich gerade jetzt alleine lassen, mein armes Holly-Schätzchen."

Ich schloss die Augen. Die Sache mit der Pfote war ziemlich mistig, aber wenn es dem großen Ganzen, also der Mission „weg mit dem Meckerkönig, her mit Boos Herrchen" half, na gut.

42.

In der Geschichte der Hunde hatte sich wohl selten ein Hund so sehr in seiner Zukunftsprognose geirrt wie ich an jenem Abend nach meiner Pfoten-Operation.

Abgesehen davon, dass Frauchen die Sache mit der Ruhe verdammt ernst nahm und wir wirklich nur vor die Haustür gingen, damit ich meine Geschäfte erledigen konnte, waren die ersten Tage jedoch gar nicht so schlecht. Frauchen verbrachte den gesamten Tag und die Nacht mit mir. Theoretisch war ich im Hundehimmel. Sie saß mit ihrem Laptop am Esstisch und schrieb an ihrem neuesten Krimi, während ich auf ihren Füßen lag und mich langweilte. Meine einzige Abwechslung waren „Ausflüge" zum Fenster, wo ich stundenlang der Krähenbande zuschaute, wie sie den kleineren Vögeln die Meisenknödel wegfraßen. Die Nächte verbrachte Frauchen wieder auf dem Sofa unten im Wohnzimmer. Ich konnte schließlich mit meinem Mörder-Verband keine Treppen laufen und sie brachte es nicht übers Herz, mich in meinem Pfoten-Kummer allein unten schlafen zu lassen. Leider war ich deutlich zu groß, um auf ihrem Bauch zu schlafen, aber ich lag auf der Erde neben ihr unter meinem Couchtisch und sie streichelte meinen Kopf unermüdlich.

„Arme kleine Holly."

Dies waren wohl die meistgesagten Worte in den ersten zwei Wochen nach meiner Verletzung. Es war die Tierärztin, die diesen zwar faden, aber irgendwie auch glückseligen Zustand beendete.

„Der Verband muss noch mindestens zwei bis drei Wochen dranbleiben, keine Spaziergänge, absolute Ruhe", erklärte sie Frauchen mit ernstem Gesicht, als wir zum üblichen Verbandswechsel alle drei Tage kamen.

„Aber der Chirurg hat doch gesagt zwei Wochen Ruhe. Die sind um." Frauchen klang ungefähr so entsetzt, als hätte man ihr mitgeteilt, dass die Bürozicke ihre bei der Geburt vertauschte Schwester war und bei uns einziehen würde.

Ich hatte immer gewusst, dass diesem grünbekittelten Marsianer nicht zu trauen war.

„So eine Sehnenverletzung ist langwierig. Sie wollen doch nicht, dass der Hund humpelt."

Damit war ich weiter zu strenger „Körbchenruhe" verurteilt, dafür lernte ich die Bedeutung der Begriffe „Tierarzt-Salamitaktik" und „Rückenschmerz-Verrat".

„Der Tierarzt erzählt uns offenbar nur scheibchenweise, wie schlimm die Sache wirklich ist, und vor allem, wie lange Holly den Verband wirklich tragen muss", erklärte Frauchen dem Meckerkönig am Telefon, kaum waren wir wieder zu Hause.

Ich betrachtete meine Pfote, diesmal war der Verband mit grünem Tape umhüllt. Immerhin, krank wie ich war, musste Frauchen bei mir bleiben. Bye bye Meckerkönig.

Womit wir beim Rückenschmerz-Verrat wären.

„Holly, ich liebe dich wirklich über alles, du bist mein Ein und Alles, der beste Hund der Welt und überhaupt, aber ich halte die Nächte auf dem Sofa nicht mehr aus. Ich habe derartige Rückenschmerzen, das kannst du dir nicht vorstellen." Es war Abend und Frauchen kraulte mich zu diesen Worten, aber ich ahnte Böses. Konnte sie wirklich meinen, was ich dachte? Nein. Das würde sie doch nie tun. Niemals. Nicht mein geliebtes Frauchen. Teil von Frolly, die Liebe meines Lebens. Nein. Oder?

Frauchen stand auf und nahm zwei der Barhocker, die an dem hohen Tisch in der Küche standen, und stellte sie vor die Treppe. Sie holte tief Luft, ging zum Schrank und brachte mir eine Kaustange ans Bett.

„Gute Nacht Holly. Du bist jetzt ein großer Hund und schläfst alleine hier unten."

Frauchen ging wirklich zur Treppe. Ich stand auf.

„Nein. Holly bleibt."

Frauchen zwängte sich zwischen den Stühlen durch und warf mir einen durchdringenden letzten Blick zu.

„Holly bleibt."

Mit diesen Worten war sie weg. Die ganze Nacht. Ihre Freude am nächsten Morgen, als sie mich brav in meinem Körbchen liegend vorfand, war sogar noch größer als meine, dass sie die Nacht ohne mich überlebt hatte. Einziges Problem war, dass ich im Ausdruck meiner Freude sofort von ihr gebremst wurde, Ruhe lautete das Zauberwort.

Jeder vernünftige Hundehalter wäre auf mich und meine Entwicklung stolz gewesen, Sie erinnern sich gewiss, dass ich einstmals kaum ertragen konnte, dass Frauchen allein auf die Toilette ging. Nun war ich eine ganze lange dunkle Nacht allein in der Küche geblieben. Kein Winseln, kein Kratzen an den Stühlen, nichts. Brave Holly? Sollte man meinen, aber bislang hatten wir von dem Wort Rückenschmerz-Verrat nur den Teil

Rückenschmerzen abgedeckt. Der Verrat stand mir noch bevor.

Wir schrieben die vierte Woche meiner Verbandsgeschichte und die Mädchen hatten sich für den Samstagabend verabredet. Sie wollten zu Freundinnen und dort übernachten. Fand ich gut, so hatte ich Frauchen für mich ganz allein. Vielleicht würden wir Pizza bestellen und ich den Rand bekommen.

Wir erinnern uns natürlich, dass mir das Betteln bei Tisch strengstens verboten war, und damit ich niemals in Versuchung kommen würde, bekam ich die Pizza-Randstücke selbstredend nur, wenn Frauchen und ich allein waren, und auch erst, wenn sie fertig mit ihrem Teil der Pizza war. Ich nannte das menschliche Logik für Fortgeschrittene, die auf gar keinen Fall kritisch zu hinterfragen war, solange am Ende Pizzaränder dabei raussprangen.

Pizza bestellte Frauchen an diesem Samstag wirklich, aber, der geneigte Leser ahnt es bereits, ich bekam kein Randstück angeboten. Stattdessen wurde ich Opfer des wohl größten Verrates, der jemals an einem braven Hund begangen wurde: Der Meckerkönig kam zu Besuch und bekam die Pizzaränder.

Die Tatsache, dass ich brav und verlassen unten in der Küche schlief, hatte Frauchen auf die unfassbar schlechte Idee gebracht, dass der Meckerkönig wieder bei uns übernachten könne, da das Schlafzimmer tierfrei war. Wenn Sie nun glauben, der Eddie hätte die Sache schon gerichtet, liegen Sie falsch. Sehr falsch. Der Eddie wurde mit einer Handvoll seiner Lieblingsbröckchen die Kellertreppe hinuntergelockt und die Tür hinter ihm verschlossen. Die Einzige, die von seinem zwischen herzzerreißenden und vorwurfsvollen Miauen die ganze Nacht wach gehalten wurde, war natürlich ich.

43.

Am nächsten Morgen kamen der Meckerkönig und die Verräterin fröhlich die Treppe herunter. Ich war ein Flattie, wie er im Buche stand, aber auch bei mir gab es Grenzen. Und die hatte Frauchen überschritten. Ich lag mit dem Kopf zur Wand in meinem Körbchen und würdigte sie keines Blickes. Ich schmollte.

„Holly? Was ist denn los?", fragte Frauchen und klang ernsthaft besorgt.

Natürlich schmolz mein Flattie-Herz sofort dahin und ich wollte nichts lieber als aufspringen und zu ihr zu rennen. Der Verband und das Gesicht des Meckerkönigs, das hinter Frauchen aufgetaucht war, hielten mich davon ab.

„Mäuschen, du bist doch nicht krank. Tut deine Pfote weh? Was hast du denn, mein kleines Holly-Schätzchen?"

Ich hob den Kopf, stand aber noch nicht auf. Insgeheim betete ich, dass sie nicht zur Leckerchen-Dose gehen würde, dies hätte meine Selbstbeherrschung überstiegen. Sollte Frauchen jenen Gang geplant haben, kam es nicht dazu. Ein herzzerreißender Schrei aus dem Keller schreckte uns alle drei auf.

„Oh, der Eddie, der ist noch eingesperrt", sagte Frauchen und öffnete die Kellertür.

Ich schwöre, ich habe ihn nicht an mir vorbeilaufen sehen, so schnell saß der Eddie auf der Küchenablage und forderte Futter als Kompensation für seine Nacht in Gefangenschaft ein.

„Igitt, das Vieh sitzt mit seinem dreckigen Hintern auf der Arbeitsplatte, das ist ja ekelerregend", kommentierte der Meckerkönig.

Kennen Sie diese Momente, in denen plötzlich alles klar ist? Der Vorhang fällt, komplettes Verständnis setzt ein, alle wissen Bescheid? Drei von vier Lebewesen in unserer Küche erlebten nach diesem Satz einen solchen Moment.

Der Eddie und ich, wir wussten bereits seit Tag eins, dass der Typ, der da in unserer Küche stand, nicht taugte für unser Frauchen. Und die, die merkte in just dieser Sekunde ebenfalls, dass der Mann, den sie glaubte zu lieben, nichts anderes war als, genau, als ein Meckerkönig, der die Tatsache, dass sie ihre beiden geliebten Haustiere für ihn verraten hatte, nicht mal anerkannte.

Damit mich hier keiner falsch versteht, Frauchen hasste nichts mehr, als wenn der Eddie sich mit seinem „hässlichen schwarzen Katzenpopo" – so drückte sie es aus – auf die Ablage setzte. Neben dem Angriffsschrei „Achtung, Eddie kommt", wenn sich eine Tür nach außen öffnete, war „Jetzt beweg deinen blöden Katzenhintern von der Ablage" der zweithäufigste Ausruf in unserem Haus. Aber wir hatten das bereits, das mit dem zweierlei Maß, mit dem Menschen gerne messen und diesmal konnte ich keinerlei Fehler darin finden, dass es etwas ganz anderes war, wenn der Meckerkönig sich über unsere Katze beschwerte.

Während der Eddie den Meckerkönig mit seinem Blick zu töten versuchte, humpelte ich zu Frauchen und schleckte ihre

Hand. Sie streichelte sanft meinen Kopf.

„Ich mache dann mal Frühstück“, sagte sie.

Der Eddie und ich sahen uns an. Wenn wir gekonnt hätten, hätten wir beide laut gestöhnt. Warum mussten Menschen immer alles so kompliziert machen? Ein Tritt in den Hintern und der Meckerkönig wäre in hohem Bogen aus dem Haus geflogen. Stattdessen machte Frauchen Frühstück für ihn. Die Frau war einfach zu höflich.

Es brauchte eine Woche, zahllose Telefonate, die in Streit und/oder Tränen endeten, und einige Verabredungen, bis endlich das geschah, was sich an jenem Morgen in der Küche angekündigt hatte: Der Meckerkönig war Vergangenheit.

Hatte ich erwähnt, dass Boos Herrchen, während ich durch meine Gips-Pfote ans Körbchen gefesselt war, mehrfach anrief, um sich zu erkundigen, wie es mir ging? Dass er zweimal vorbeikam, um mich zu besuchen? Und dabei nicht nur Leberwurst für mich, sondern auch noch Frauchens Lieblingspralinen dabeihatte? Hatte ich vielleicht sogar erwähnt, dass Menschen es generell gerne kompliziert haben und mein Frauchen dazu noch schwer von Kapee war? Statt eines Happy Ends, bei dem Boos Herrchen, Frauchen, Boo und ich gemütlich in den Sonnenuntergang spazierten, begriff Frauchen mal wieder gar nichts und ging zu einem Date, kaum war der Meckerkönig endlich weg. Nur leider war ihr Date nicht mit Boos Herrchen.

44.

Wir schrieben die fünfte Verbandswoche und die einzige echte Aufregung in unserem Leben war der Verbandswechsel, der nach wie vor zweimal pro Woche beim Tierarzt gemacht wurde.

Auf dem Weg zum Tierarzt murmelte Frauchen stets etwas wie „Das war die teuerste Bierflasche aller Zeiten und ich habe sie nicht mal getrunken“ und beschimpfte andere Autofahrer, dass sie sich dank ihres kranken Hundes und der verfluchten Bürozicke gerade kein neues Auto leisten könne und sie mögen doch bitte nicht wie die letzten Idioten fahren. Okay, das Bitte habe ich dazu gedichtet, wir wollen schließlich eine gewisse Klasse wahren.

Kaum waren wir beim Tierarzt, war die Bierflasche jedoch vergessen. Also, bei mir. Bei Frauchen auch, glaube ich, die Frau hatte andere Sorgen, sobald sie die Tür zur Praxis geöffnet hatte. Endlich Abwechslung. Ich war jedes Mal so aufgeregt, dass ich alles vergaß. Wirklich alles. Meine gute Erziehung, meine Pfote, den Verband, Frauchen. Ich warf mich auf den Boden und robbte zu jedem der anwesenden Vierbeiner. Das ganze Wartezimmer war in Aufruhr, wenn ich da war.

Nachdem Frauchen mich irgendwie an den anderen Hunden vorbeigekriegt hatte und fertig war mit ihren gemurmelten Verwünschungen, diesmal in meine Richtung, fiel mir für gewöhnlich ein, was als Nächstes kam. Der Tisch.

Phase zwei des Besuches setzte ein. Die anderen Hunde waren Geschichte und ich hyperventilierte neben Frauchen. Der Tisch war ein Folterwerkzeug, das im Behandlungszimmer stand. Glatt, kalt, hoch und bösartig wartete er auf mich. Auch Phase zwei war geprägt vom Zu-Boden-Werfen meinerseits, diesmal jedoch, um mich wie ein nasser Sack von Frauchen durch eben jenes Wartezimmer ziehen zu lassen, durch das ich sie wenige Minuten zuvor noch mit Kraft und Enthusiasmus selber gezogen hatte.

Meine Taktik, mich dabei flach auf die Seite zu legen und den Kopf so zu strecken, dass er regelmäßig aus dem Halsband schlüpfte, war offenbar aufsehenerregend. Zumal ich mit eingezogener Rute und vor Angst zitternd unter einen der Stühle im Wartezimmer kroch, sobald ich mich aus meiner Halsbandfessel befreit hatte. Von Aufruhr keine Spur mehr, es herrschte eine gespannte Ruhe, Mensch und Tier hielten den Atem an, wie das Spektakel weitergehen würde, das sich da vor ihren Augen entfaltete. Für gewöhnlich bedurfte es zweier Tierarzthelfer, die mich schließlich vor den gespannten Augen der Menge in das Behandlungszimmer trugen und auf den Tisch legten.

Nun begann Phase drei, die regelmäßig von Frauchen mit dem Satz „Vorsicht, der Hund war in seinem vorherigen Leben Entfesselungskünstler“ eingeleitet wurde. Ich wand mich und wibbelte so geschickt auf dem Tisch herum, dass die zwei Helfer mich kaum oben halten konnten. Dies gelang eigentlich nur, solange man mir ununterbrochen Futter ins Maul stopfte, das ich inhalierte, um mich sofort im Anschluss wieder zu winden wie ein Aal. An Verbandswechsel war so nicht zu denken, was dem Tierarzt in Phase vier schließlich auch klar wurde.

Man muss dazu sagen, dass wir uns in einer sehr großen Tierarztpraxis befanden, daher hatten wir fast jedes Mal einen anderen Tierarzt und je nach Lernkurve konnte es sich eine ganze Weile hinziehen, bis wir Phase vier erreichten. Wenn es so weit war, gab es zwei Möglichkeiten: Es wurde ein dritter Helfer herbeigerufen, was jedoch selten gelang, da man noch nicht so weit war, eine Extra-Hilfskraft anzustellen, die nur auf meine Besuche wartete. Frauchen fand das – allerdings erst im Auto auf dem Rückweg – empörend, bei den Unsummen, die sie bereits für meine Behandlung bezahlt hatte. So war es die andere Möglichkeit, die fast immer zum Einsatz kam. Ich wurde auf die Erde zurück verfrachtet, um den Verband eben dort zu wechseln. Hätte man auch einfacher haben können, aber Sie wissen, Menschen mögen es kompliziert. Da ich ein ausgesprochen wohlerzogener Hund war, setzte ich mich in jenem Fall brav hin und streckte die kranke Pfote aus, um dem Tierarzt keine unnötigen Unannehmlichkeiten bei seiner Arbeit zu bereiten.

An diesem besonderen Tag in der fünften Verbandswechselwoche kam es jedoch anders. Wir stoppten unser lieb gewonnenes Ritual mitten in Phase zwei. Oder besser gesagt, der Marsmensch stoppte es. Er stolzierte wie ein Gockel auf Viagra in das Wartezimmer, wurde mit einem fast einhelligen „Guten Tag, Dr. Falkenweg“ von den anwesenden Damen begrüßt, hob mich hoch – ohne die Damen zurückzugrüßen, der Stoffel –, brachte mich ins Behandlungszimmer und setzte mich auf den Tisch. Dabei warf er mir einen strengen Blick zu, dass ich mal lieber ruhig abwartete, was der noch so vorhatte. Was für eine ungehobelte Person, wirklich.

„Dann wollen wir mal schauen, ob Holly ordentlich Ruhe gehalten hat“, sagte Dr. Falkenweg und schnitt meinen Verband auf, während Frauchen und ich betreten in die Luft schauten.

Es war nicht so, dass ich keine Ruhe gehalten hatte, aber eben nur so viel Ruhe wie ein junger Flat Coated Retriever ertragen konnte.

„Das sieht sehr gut aus“, lobte Dr. Falkenweg uns.

Es war ein Zischen zu hören, als die Anspannung aus dem Raum wich.

„Holly war wirklich vorbildlich“, log Frauchen ungeniert, als hätte sie vor einer Sekunde nicht noch mit dem vernichtenden Urteil gerechnet, dass ich wegen Nicht-Ruhe wahrscheinlich nie wieder würde laufen können.

„Sehr schön, die Narbe ist perfekt verheilt. Jetzt schauen wir mal, wie sie läuft, bevor wir den neuen Verband dranmachen.“

Ich sah Frauchen vollkommen perplex an. Hatte sie auch gehört, was ich gehört hatte? Noch ein Verband? Hatte sie mir nicht fest versprochen, dass wir heute den Chirurgen, auch als Marsmensch oder Dr. Falkenweg bekannt, sehen würden, der über mein weiteres Schicksal entscheiden würde? Und hatte sie nicht gesagt, wenn der die Narbe für gut verheilt befand, dass Schluss sei mit den elenden Verbänden?

Ich warf dem Marsmenschen einen giftigen Blick zu und schwöre, wenn ich jemals auf die Idee gekommen wäre, einen Menschen anzuknurren, dann wäre er es in diesem Moment gewesen. Dieser Rüpel ignorierte meinen Blick und setzte mich auf die Erde.

„Wirklich schöne Hündin haben Sie da“, sagte er zu Frauchen, die natürlich auf diese peinliche Anmache sofort reinfiel.

„Ja, Holly ist toll. Sie ist der beste Hund der Welt."

„Das sagen sie alle."

Für den würde ich keine zwei Meter laufen. Natürlich war ich der beste Hund der Welt.

„Das sagen nur die, die Holly nicht kennen", konterte Frauchen. „Na, Holly, lauf mal los, wir müssen sehen, ob deine Pfote in Ordnung ist", forderte sie mich auf.

Niemals. Nicht für den.

Frauchen ging auf die andere Seite des Raumes und rief mich. Mist. Also gut, lief ich halt zu ihr hin. Ehrlich gesagt interessierte mich auch, wie sich das Laufen ohne das Ding um die Pfote nach all den Wochen anfühlen würde, und gegen Frauchen hatte ich nun wirklich nichts.

„Sehr schön, der Bewegungsablauf sieht perfekt aus. Noch zwei Wochen Verband, ein bis zwei Wochen ruhig angehen lassen, dann ist sie wieder die Alte." Dr. Falkenweg lächelte Frauchen an. „Das haben Sie sehr gut gemacht, dass Sie so schnell zum Tierarzt gekommen sind. Das hätte schlimm enden können, wenn wir nicht sofort operiert hätten."

Was für ein Schleimer. Und überhaupt, wem war es zu verdanken, dass wir so schnell beim Tierarzt gewesen waren? Boos Herrchen! Frauchen, hallo, nicht vergessen!

„Wir hatten aber auch Glück, dass Sie sofort operieren konnten", schleimte Frauchen zurück.

Mir drehte sich fast der Magen um, was bei Hunden sehr gefährlich werden konnte. Dass der Marsmensch es auf mein Frauchen abgesehen hatte, war verständlich, die war schließlich die Tollste, Schönste und Beste. Aber es konnte bitte nicht sein, dass Frauchen sich vom Geschleime eines Mannes in grünem Kittel beeindrucken ließ.

Ich begann, im Behandlungszimmer umherzulaufen, um das

Elend nicht länger mit ansehen zu müssen. Da gab es eine Menge Schubladen, aus einer roch es sehr verführerisch. Die Schubladen hatten sehr schicke Griffe, so was gab es bei uns zu Hause nicht. Ich untersuchte die Griffe ausgiebig, während Frauchen und der Marsianer sich vollschleimten. Ob man die ins Maul nehmen konnte? Bestimmt. Ich nahm einen der Griffe sanft zwischen meine Zähne und zog daran. Tada! Sesam öffne dich. Die Schublade ging nach einem kleinen Widerstand problemlos auf.

„Holly!"

Ich zuckte zusammen und sah mich schuldbewusst um. Frauchens Blick war legendär, der Grün-Kittel lachte.

„Das hat bisher keiner meiner Patienten geschafft." Ich war mir nicht sicher, ob diese Worte ein Lob waren. „Ich hatte auch mal einen Flattie, das war genauso ein Clown", erklärte Dr. Falkenweg und zack, hatte er mich wieder auf den Tisch gehoben. Ich begann zu zittern.

„Ihre Kleinkriminelle hat wohl Angst vor dem Tisch, aber da muss sie durch", erklärte er und legte mir einen neuen Verband an.

Von Bestechung mit Futter hatte der Schlächter offensichtlich nie etwas gehört. Kaum stand ich wieder auf dem Boden, humpelte ich zur Tür und würdigte ihn keines Blickes mehr.

„Holly möchte wohl gehen", sprach Frauchen das Offensichtliche aus, verabschiedete sich kurz von dem Marsmenschen und weg waren wir.

Sie vermuten nun, dass ich mich geirrt hatte, da ich nur ein Hund war und der Marsianer gar nicht scharf auf mein Frauchen war, oder? Sonst hätte er sie um eine Verabredung gebeten. Sie liegen vollkommen falsch. Natürlich hatte ich recht. Der war nur so gewieft, wie sein Kittel grün war. Die nächsten Verbandswechsel ließ er wieder die netten Tierärzte machen, um mich in Sicherheit zu wiegen. Das dicke Ende kam noch. Denn Frauchen fand Dr. Mars offenbar auch gut, wie ich am gleichen Abend erfahren sollte.

Während unserer 250-Meter-Gassi-Runde trafen wir eine von Frauchens Freundinnen. Schnatter. Schnatter. Schnatter. Sie kennen das.

Natürlich hat die Freundin gefragt, wie es beim Tierarzt war, und Frauchen hat erzählt, dass wir diesmal bei dem Schlächter waren. Selbstredend habe ich mitleidige Blicke und einen dicken Kuschler erwartet für das Leid, das ich durchgemacht hatte. Hatte extra meinen Leidensblick Nummer zwölf aufgesetzt. Aber nix.

„Oh, das ist der mit den tollen blauen Augen", hat die Freundin losgeblökt und Frauchen hat ganz angetan genickt.

„Ja, der sieht schon sehr gut aus. Ist bestimmt verheiratet."

„Nein, Caroline, was meinst du, warum der Hormonspiegel der Damen im Wartezimmer immer durch die Decke geht, wenn Dr. Falkenweg durchs Wartezimmer läuft. Der ist Single! Genau wie du!"

Hatten die sie noch alle? Blaue Augen? Was sollte das denn bitte? Sollten sie sich einen Husky kaufen, wenn sie blaue Augen wollten. Aber bitte nicht von dem Schlächter schwärmen. Blaue Augen! Wer wollte denn so was? Ich war entsetzt. Mal ehrlich, ich hatte die größten dunkelbraunsten Rehaugen mit Dackelblick-Faktor, die es gab, gegen mich sah Bambi aus wie ein Schwerverbrecher! Blaue Augen! Und überhaupt, was sollte das, wollte die mein geliebtes Frauchen etwa mit dem Schlächter verkuppeln? Frauchen hatte doch schon Boos Herrchen, was sollte der Mist?

Es kam natürlich, wie es kommen musste. Der Verband war ab und wer rief prompt bei uns an, um sich zu erkundigen, wie es mir ging? Er, der grün bekittelte Schlächter vom Mars. Eine halbe Stunde Telefonat später hatte mein über alles geliebtes Frauchen sich mit diesem Unhold zu einem gemeinsamen Hundespaziergang verabredet.

45.

Eine weitere sehr merkwürdige Sache an Menschen ist, dass sie schrecklich ungeduldig sind, sich gleichzeitig aber gegenseitig mit Sprüchen wie „Gut Ding will Weile haben“, „Abwarten und Tee trinken“, „Alles zu seiner Zeit“, „Eile mit Weile“ und – mein Favorit – „Rom ist auch nicht an einem Tag erbaut worden“ zum Durchhalten und Warten auffordern. Obwohl, das stimmt so auch wieder nicht. Während Frauchen, Frida und Karla mit diesen Parolen zum Warten auf neue Handys, die Erlaubnis auf eine Party zu gehen oder die Jeans zu kaufen, die alle, also wirklich alle in ihrer Klasse längst haben, hinhielt, war sie selber nur wenig empfänglich für sie.

Der Tag zum Beispiel, an dem sie Karla fragte, wann diese gedenke, ihr Zimmer endlich aufzuräumen, und als Antwort bekam, dass gut Ding eben Weile habe wolle, ging in unserer Familiengeschichte nicht als friedvoll ein. Und auch was mich anging, war Frauchen von einer großen Ungeduld geprägt, insbesondere wenn es um Themen wie Leinenführigkeit, generellen Gehorsam und Stuhlgang ging. Ich hingegen, ganz Hund eben, konnte – wenn sinnvoll – wunderbar abwarten und durchhalten, bis die Dinge sich in die von mir gewünschte Richtung bewegten.

Frauchens Liebesleben, so aufregend es war, war erst einmal vergessen, als der Verband endlich wirklich ab war. Es war ein Fest. Laufen, ohne die dicke weiß-bunte Wurst um die Pfote war einfach großartig. Ich war im wahrsten Sinne des Wortes von den Bandagierten auferstanden und wollte raus. Bäume ausreißen. War natürlich nicht angesagt. Ich sollte mich streng nach Anweisung des Marsmenschen schonen, der offenbar den Züchter als Halbgott des Hundewissens ersetzt hatte. Nun gut, wenn der Prophet nicht zum Berg durfte, musste der Berg halt ins Propheten-Maul. Oder so ähnlich. Ich wackelte also im Zeitlupentempo neben Frauchen an der Leine durch die Gegend, nahm dabei aber jeden Ast, der irgendwo herumlag, ins Maul. Das ging bei dem Tempo, das Frauchen für angemessen für meinen Schonwaschgang befand, übrigens ganz wunderbar. Immer das Positive sehen.

„Holly, musst du wirklich jeden Stock in deinen langen Lakritz-Rüssel nehmen und kaputt kauen“, stöhnte Frauchen derweil genervt neben mir. „Heute Nacht hast du wieder Durchfall.“

Zwei durchwachte Nächte mit mehreren Notfall-Gassi-Runden später war Schluss mit Schongang und Leine und ich durfte wieder rennen. Wenn ich der Eddie wäre, hätte ich gesagt „Geht doch“, da ich Holly war, sagte ich „Geduld ist eben eine Zierde“.

Ähnlich verhielt es sich mit dem Treppensteigen und der Schlacht um Frauchens Schlafzimmer.

Acht Wochen lang war ich keine einzige Treppenstufe hoch oder runter gegangen. Ich wusste nicht, was Frauchen sich gedacht hatte, was passieren würde, wenn der Verband erst ab war.

Sie hatte meine Geduld offenbar mit Resignation verwechselt und war irgendwie der Meinung, dass ich nunmehr im Erdgeschoss gut aufgehoben sei. Meine todtraurigen Blicke, wenn sie über die Treppe entschwand, versuchte sie zunächst so gut wie möglich zu ignorieren. Natürlich war sie nicht aus Stahl. Meine Ausdauer schon.

Ihr Trick, das „Na, dann komm halt mit hoch" mehr zu hauchen, denn auszusprechen, als ich ihr mal wieder mit gebrochenem Herzen nachsah, ging jedenfalls nicht auf. Ich schaltete die Raketen-Turbo-Funktion sofort an und war so schnell oben, dass sie wahrscheinlich in zehn Jahren noch erzählen wird, dass sie nur einen schwarzen Schatten an sich hat vorbeihuschen sehen.

Mir war selbstverständlich klar, dass sie vor allem mit der Idee geliebäugelt hatte, mich für immer in den Nächten unten in meinem Körbchen versauern zu lassen, weil ich mich so schön daran gewöhnt hatte. Aber das konnte sie sich abschminken. Nur weil ich während meiner einsamen kalten Stunden in der Küche nicht gejault hatte, hieß das lange nicht, dass ich nicht mehr zu ihr ins Schlafzimmer wollte. Und mir war natürlich immer klar, dass sie – Ordnungsfreak, der sie war – irgendwann die Wand aus Stühlen, die sie zur Sicherheit jeden Abend vor der Treppe aufbaute, selber nicht mehr ertragen konnte. Wie gesagt, alles zu seiner Zeit und es bedurfte genau dreier Nächte nach dem letzten Verbandswechsel und ich kuschelte mich in mein Schlafzimmer-Hundebett, als hätte ich nie irgendwo anders geschlafen.

Mit der für sie typischen Ungeduld erwartete Frauchen unterdessen etwas anderes: die Hundeschule. Eines Morgens, es war mal wieder alles gemütlich und entspannt, sah sie mich mit diesem Blick an, den ich schon kannte und der nichts Gutes ver hieß.

„Holly, die Pfote ist wieder in Ordnung und du bist mittlerweile immerhin so weit, dass man sich nicht mehr komplett mit dir in Grund und Boden schämen muss, wenn man dich irgendwohin bringt, ich denke, es ist Zeit für die Hundeschule.“

Nein. Fand ich nicht. Nicht mehr komplett in Grund und Boden schämen hörte sich nach einem schönen Fortschritt an und für mich war das vollkommen ausreichend. Ich setzte meinen besten „Ich bin doch schon so lieb“-Blick auf und sah Frauchen an.

Selbstverständlich „überhörte“ Frauchen meine Ablehnung geflissentlich. Die Frau machte Ernst oder wollte Ernst machen und mich tatsächlich in der Schule, diesem Ort der Qualen und der unendlichen Folter anmelden. Karlas und Fridas von Schmerzen gezeichnete Schulmorgen-Gesichter tauchten vor meinem inneren Hundeauge auf. Offenbar war meine Angst vor diesem Vorhof der Hölle so groß, dass mein Körper sich gezwungen sah zu reagieren. Ich wurde erwachsen. Also, so richtig.

46.

Mittlerweile war ich sechzehn Monate alt und es trat etwas ein, worauf Frauchen monatelang so ungeduldig gewartet hatte, dass sie es irgendwann vergessen hatte. Ich wurde läufig. Ab sofort würde ich meinem vollen und wahren Namen gerecht und eine Dame oder noch besser eine Lady werden. Meinen richtigen Namen habe ich bislang unterschlagen: Queen Holly. Man will ja bescheiden bleiben.

Die Queen war übrigens nicht der Tatsache geschuldet, dass Frauchen gedacht hatte, ich sei von Anfang an ein wohlerzogener Hund. So naiv war nicht mal sie. Nein, ich entstammte einem Q-Wurf und im goldenen Züchtergesetzbuch stand irgendwo, dass mein Name in dem Fall mit einem Q beginnen müsse. Finden Sie mal einen Mädchennamen mit Q. Quentina und Quendolina waren offenbar im Gespräch, wegen der Peinlichkeit, diese Namen durch den Wald zu rufen, aber sogleich wieder verworfen worden. Und so wurde ich auf den Namen Queen Holly getauft, meine Schwestern sind übrigens auch alle königlich.

Frauchen hatte natürlich, Ungeduld in Person, die sie nun

mal war, schon lange bevor ich überhaupt ein Jahr alt wurde, gleich mal so eine Art Schlüpper für Hunde bestellt, von wegen Läufigkeit und Dreck im Haus und so. In das Ding, das sie da ausgepackt hatte, hätte allerdings so ein keifiger Rehpinscher reingepasst, aber keine stolze Flattie-Dame wie ich es mittlerweile war. Die Schlüppis gingen also zurück und ganz im Sinne von „Aus den Augen, aus dem Sinn" wurde das Thema Läufigkeit vergessen. Ich sage ja, warten war nicht Frauchens Stärke. Natürlich war ich schuld, als es endlich so weit war.

„Holly! Hättest du das nicht irgendwie ankündigen können?", maulte Frauchen los, nachdem sie erst mal die Kinder angeherrscht hatte, wenn sie mit ihren blöden Rote-Beeren-Smoothies schon kleckern würden, könnten sie es wenigstens aufwischen. Frida und Karla hatten alles abgestritten, weil sie aus Prinzip sowieso alles abstritten, und dann hatten mich alle erwartungsvoll angeguckt, wie ich da so unschuldig in meinem Korb lag. Ich hatte ebenso erwartungsvoll zurückgeschaut und mich an die ersten Tage im Irrenhaus erinnert gefühlt. Vollkommen zu Recht.

Frauchen verfiel sofort in den Alarmstufe-Rot-Modus, was in dem Fall farblich immerhin gerechtfertigt war. Aber generell war das ganz schlecht. Alarmstufe Rot war sonst für Französischarbeiten (beide Kinder) und wenn Karla am Wochenende ausgehen wollte, reserviert. Und natürlich, wenn Frauchen ihren Rück-Eroberungsfeldzug durch die Teenagerzimmer startete und mit der halben Ikea-Gläser-und-Teller-Abteilung wieder nach unten kam. Sie wissen, was ich meine.

„Ein Rudel kleiner Höllenschlümpfe, das halte ich nicht aus", hat sie immer wieder gemurmelt und wohl das erste Mal in ihrem Leben überlegt, ob es nicht doch eine Möglichkeit sein könnte, den Hund, also mich, in den eingezäunten Garten hinter dem Haus machen zu lassen. Und die Frau war sonst beinhart, was das anging. Glauben Sie mir, ich wusste, wovon ich sprach. Auch wieder so eine Sache, die man als wohlmeinender Hund erst mal verstehen musste. Im Vorgarten ist Pipi nicht nur erlaubt, sondern sogar erwünscht. Im Zweifelsfall – gemeint sind hier Regen, Schnee, Minusgrade, nach 22 Uhr, Frauchen hat Besuch oder muss selber auf Klo – wäre sogar ein großes Geschäft dort genehm.

Ich drücke mich wirklich lieber gewählt aus, aber man macht sich keine Vorstellung, wie oft ich den Spruch „Holly, kannst du nicht einfach in den Vorgarten kacken, ich habe so was von keine Lust, jetzt noch mit dir rauszugehen“ schon gehört habe.

Bis ich allerdings verstanden hatte, dass Vorgarten fein und Garten hinter dem Haus nein war, dauerte es dank Frauchens Einsatz nicht lange. Eigentlich brauchten wir zur Meisterung dieser Aufgabe genau einen Versuch.

Es war ein schöner Sommertag. Wir waren alle im Garten, gelöste Stimmung, ich schnüffelte hier mal und da mal und dachte, och, da wäre ein nettes Plätzchen für … und dann schrie Frauchen los, als wäre sie der Stadionsprecher beim BVB-Heimspiel und das Mikrofon sei kaputt: NEIN! AUS! PFUI! Die Nachbarn, die in einem Umkreis von fünf Kilometern wohnten, konnten nach dieser Erfahrung nur genauso traumatisiert sein wie ich. Ich wette, von denen hat keiner jemals wieder in den Garten gemacht. Wie auch immer, Frauchen war selbstredend viel zu festgefahren in ihren Vorstellungen, als dass sie mich wirklich in den Garten hätte machen lassen. Nicht mal zur Empfängnisverhütung während der Läufigkeit. Für sie war es schon viel, dass sie überhaupt mit der Idee gespielt hatte.

Im Haus verpasste sie mir daher einen neuen, nun passenden Läufigkeitsschlüpper, den sie mit Damenbinden ausstaffierte.

Wem in diesem Zusammenhang das Wort würdelos durch den Kopf schießt, der trifft es auf den Punkt. Insbesondere als Frida vergaß, mir mein Höschen auszuziehen, als sie mich Pipi machen lassen sollte. Mein Leid wurde dabei nicht erwähnt, dafür noch Jahre später das ungeheure Fassungsvermögen von Damenbinden bei Erzählungen hervorgehoben.

Zumindest die ersten Tage war mir all das jedoch herzlich egal. Ich fühlte mich einfach nur schwer, müde und vollkommen fertig. Gefühle, die mir bis dato absolut fremd gewesen waren.

„Vielleicht ist sie tot?", fragte Karla dann auch ängstlich, als ich an einem Nachmittag nicht die Kraft fand, aus meinem Körbchen aufzustehen und meine heimkehrende Familie zu begrüßen.

„Die atmet doch", entgegnete Frida. „Oder, Mama, die atmet, oder?"

„Ich glaube schon", sagte Frauchen, hielt mir aber vorsichtshalber eine Hand auf den Bauch. „Ja, sie atmet."

Ich hätte gerne tief geseufzt, zum einen, weil mein Rudel sich mal wieder nicht durch Hochbegabung auszeichnete, zum anderen, einfach um meinem Leid irgendwie Luft zu machen, ich war aber viel zu erschöpft.

„Hättet ihr gedacht, dass es Holly auch in ruhig gibt?", fragte Frida nachdenklich. „Bleibt die jetzt so, Mama?"

„Vielleicht nimmt sie wieder Drogen, wie nach ihrer Pfoten-OP?", kam Karla auf ihr Lieblingsthema zurück.

Ich befürchte, Frauchen hat sich einen kurzen Moment lang ausgemalt, wie es sein würde, einen ruhigen Hund zu haben. Ich war froh, dass ich nicht die Energie hatte, in ihr Gesicht zu schauen, da ich befürchtete, dort Hoffnung zu sehen, die ich definitiv zerstören würde.

„Nein, Holly ist bestimmt wieder ganz die Alte, wenn die

Läufigkeit erst mal vorbei ist", antwortete Frauchen.

Was soll ich sagen, genauso war es. Kluges Frauchen.

47.

Es dauerte ein paar Wochen, aber schließlich war die Läufigkeit Geschichte und ich wieder voller Energie. Die ich brauchen würde, wie sich bald herausstellte. Jemand anders war nämlich ebenfalls voller Energie. Genau Frauchen. Wenn Sie jetzt denken, wir wären endlich in die lang angekündigte Hundeschule gegangen, liegen Sie vollkommen falsch. Ich hatte meinen Hundeschlüpper noch nicht ganz aus, schon ging es zum Spazieren in den Grunewald. Frauchen machte Ernst und hatte sich dort mit Boos Herrchen und dem Marsmenschen verabredet. Immer schön abwechselnd, natürlich. Menschen können einfach den Hals nicht voll bekommen.

Karla und Frida reagierten mit einer Mischung aus Entsetzen, Erstaunen und Einmischung auf die neuen Freizeitaktivitäten ihrer Mutter.

„Mama hat zwei Verehrer und ich habe keinen, was ist falsch an diesem Bild", stöhnte Karla eines Abends beim Essen, nachdem herausgekommen war, was ihre Mutter tagsüber getrieben hatte.

„Egal, wir essen den zweiten Tag in Folge Pizza, weil Mama den ganzen Tag mit Holly im Wald auf Dates war", grinste Frida. „Ich finde, besser wird es nicht."

„Wie kann man sich denn bitte mit dem Hund im Wald zu einem Date verabreden?" Karla sah ernsthaft angewidert aus. „Uncooler geht nicht. Da kannst du dich nicht mal schick machen!"

„Mama ist halt alt, da ist Aussehen egal", klärte Frida ihre Schwester auf.

„Euch ist schon klar, dass ich hier sitze, euch zuhöre und immer noch die Gewalt über euer Taschengeld und eure Sperrstunde habe", meldete sich Frauchen irritiert zu Wort.

Ich muss zugeben, dass ich mich wirklich etwas um sie sorgte. Sie hatte dem nicht zwingend wohlwollenden Gespräch ihres Nachwuchses bis dahin mit leicht verklärtem Blick zugehört und nichts unternommen. Da war sie sogar zu Zeiten des Meckerkönigs aufmerksamer gewesen, obwohl sie trotz gleich zweier Verehrer noch kein einziges Schinkenbrot hatte herumliegen lassen. Schade eigentlich.

„Außerdem gehe ich überhaupt nicht mit zwei Männern gleichzeitig aus", ließ Frauchen ihre Kinder nun wissen. Offenbar war ihr gerade rechtzeitig ihr Erziehungsauftrag als Vorbild eingefallen. „Das sind einfach nur Hundespaziergänge mit Freunden."

Ja. Ganz. Klar. Als größte Nutznießerin der Wald-Dates war ich live dabei und mitten drin, ich wusste es besser. Da beide Herren über einen vierbeinigen Freund verfügten, fuhren wir plötzlich fast täglich in den von mir so geschätzten Grunewald, um dort spazieren zu gehen. Über Boo und seine schwarze Lockenpracht muss ich nichts sagen, er war mein Held, ich liebte ihn heiß und innig und wir verstanden uns blendend. Dummerweise galt dies auch für Dexter, kurz Dex genannt, den Dalmatiner des Marsmenschen. Dex sah ebenfalls aus wie ein Filmstar mit seinen ganzen Flecken und war mindestens so gut drauf wie ich. Vielleicht sogar besser. Denn niemandem hätte die natürliche Autorität seines Herrn mehr egal sein können als Dex. Der Hund machte, was er wollte. Meine Bewunderung für ihn war unendlich, Dex kannte keine Angst. Er erinnerte mich ein bisschen an den Eddie, dem war auch vollkommen schnurz, was Frauchen von ihm wollte. Vielleicht lag es daran, dass der Marsmensch im Wald seinen grünen Kittel nicht trug. Am Ende war der Kittel so eine Art Gamechanger, wobei ich mich schon fragte, warum der Marsianer den Kittel nicht einfach mal anzog, wenn er mit Dex unterwegs war. Möglich war natürlich ebenfalls, dass der Marsmensch so auf Frauchen konzentriert war, dass er seinen Hund fast komplett vergaß. So gesehen hatte er viel mit Frauchen gemeinsam. Und mit Boos Herrchen.

Der Marsmensch war ohne seinen grünen Kittel tatsächlich deutlich umgänglicher, hatte sogar Bestechungsfutter in der Tasche und einen peinlich berührten Blick im Gesicht. Ähnlich wie Frauchen, wenn Dexter und ich im gestreckten Schweinsgalopp, Ohren auf Durchzug durch die Gegend rannten und durch nichts und niemanden zu stoppen waren – außer Menschenbeinen, natürlich.

Fakt war, dass ich abwechselnd vogelfrei mit einem anderen Hund durch den Grunewald lief, keine Fuchs- oder Wildschweinhinterlassenschaft war vor uns sicher. Kein „Aus! Nein! Pfui!“ trübte unsere Freude beim Wälzen in eben jener. Im Gegenteil, wenn wir derartig stinkend, dass es sogar uns selber auffiel, bei unseren ins Gespräch vertieften Gebietern auftauchten, drehten wir für gewöhnlich eine Extrarunde, die uns zum

Grunewaldsee führte, wo wir schwimmen mussten, um den Gestank loszuwerden. Wir Armen.

Es waren herrliche Zeiten. Ich fühlte mich ein wenig, als wäre ich in Bullerbü, hätte Ferien und Boo und Dex kamen mich abwechselnd besuchen. Das Nachbarskind war letztens bei uns gewesen und ich hatte die Geschichte mit ihr im Fernsehen geschaut. Freiheit pur. Mein Glück dauerte bis zu dem Moment, wenn wir ins Auto stiegen und mir bewusst wurde, dass einer meiner beiden Gefährten demnächst das Zeitliche segnen würde.

„Ey, Mama, du kannst dich doch nicht ewig mit zwei Männern treffen, du musst einen abschießen", hatte Frida eines Abends beim Essen erklärt. Die Welt stand offenbar endgültig kopf, da sie plötzlich ihrer Mutter die Befehle gab.

„Ich weiß", hatte Frauchen geseufzt, der nicht aufgefallen zu sein schien, dass da gerade etwas ganz falsch lief.

Mir war ganz flau in meinem Körbchen geworden. Natürlich nahm ich an, dass sowohl Boos Herrchen als auch der Marsmensch bei ihrem Abgang in die ewigen Jagdgründe ihren Hund mitnehmen würden. Das allein war traurig genug, aber die Vorstellung, dass die Armen dort auf den ebenfalls abgeschossenen Meckerkönig treffen würden, brach mir fast das Herz. Mir war das sowieso etwas unangenehm, dass ich wusste, was passieren würde, Boos Herrchen und der Marsmensch hingegen ahnungslos durch den Wald trotteten, Frauchen Schokolade und Blumen schenkten und zum Kaffee einluden.

48.

Wenn ich eins als Hund gelernt habe, dann, dass nichts, aber auch gar nichts ohne Folgen bleibt. Außer dem Schinkenbrot, damals. Aber das war lange her und würde wohl für immer in seiner Einzigartigkeit meine Lieblingserinnerung bleiben. Unerklärlich ist mir, warum Menschen das mit den Konsequenzen nicht zu kapieren scheinen. Man muss nicht zwingend Astrophysik studiert haben, um zu verstehen: Ich mache etwas gut – Belohnung. Ich mache etwas nicht gut – keine Belohnung. Ich ruiniere das Autodach mit meinen Krallen: drei Tage Nichtachtung.

Für Menschen scheint diese simple Abfolge von Aktion und Reaktion nicht greifbar zu sein. Frida räumt ihr Zimmer nicht auf, Ärger. Frida räumt ihr Zimmer auf, kein Ärger. Karla benutzt heimlich Frauchens teuren Lippenstift – Ärger. Karla benutzt nicht heimlich Frauchens teuren Lippenstift, sondern fragt vorher – kein Ärger. Sie können mal raten, wie oft die Teenagerzimmer aufgeräumt sind und der Lippenstift gemopst wird, dabei ist vollkommen klar, wie es ausgeht. Ich schien allerdings die Einzige in der Familie zu sein, die dieses Konzept wirklich durchdrungen hatte.

Womit wir bei Frauchen wären. Die konnte zwar eine Familienpackung Tempotücher vor dem Fernseher verheulen, wenn in einem Liebesfilm die große Liebe der Hauptfigur hinter deren Rücken einen anderen Mann traf und eben jene große Liebe einen „verfluchten Mistkerl" nennen, hatte aber selber zwei Männer am Start. Sie ahnen es, jetzt, wo ich es Ihnen noch mal ganz genau erklärt habe, oder? Es kam, wie es kommen musste, es bleibt eben nichts ohne Folgen.

Wir waren – mal wieder im Grunewald – diesmal in der Besetzung Frauchen, Holly, Marsmensch, Dex. Ich war gerade dabei, mit Dex einen Tunnel nach China zu graben, um nachzuprüfen, ob die dort wirklich Hunde aßen. Wir waren selbstverständlich vorsichtig, trotz höchster Buddel-Konzentration waren wir stets zur Flucht bereit, insbesondere sollte einer unserer Besitzer unser Tun entdecken. Der Schreck, der uns beiden in die Glieder fuhr, kam allerdings von der anderen Seite. Sozusagen aus dem Hinterhalt. Es war Boo, der voller überschwänglicher Freude, seine geliebte Holly – also mich – unvermutet im Grunewald zu treffen, förmlich auf mich gesprungen war und dabei den eng neben mir buddelnden Dex gleich mit zu Boden gerissen hatte.

Ich war im Himmel. Eindeutig. Mit meinen beiden besten Freunden im Grunewald. Wir rannten, was das Zeug hielt, das Leben war schön und kannte keine Grenzen. Dex und Boo waren ebenfalls sofort ein Herz und eine Seele. Glück pur. Nachdem wir unser Pulver komplett verschossen hatten, fiel uns ein, dass es noch so etwas wie Herrchen und Frauchen gab. Und da standen sie. Zu dritt und unterhielten sich. Angeregt.

Womit wir bei einem weiteren Beweis wären, dass Menschen einfach alles so furchtbar kompliziert machen müssen. Während ich uns sechs plus Frida, Karla und Eddie sofort als Großrudel in einem Haus am See wohnen sah, wirkte Frauchen bereits im Auto bedrückt.

„Was?“ Karla fielen fast die Augen aus dem Kopf, nachdem ihre Mutter ihr erzählt hatte, was im Wald passiert war. „Du warst mit einem potenziellen Lover im Grunewald und hast den anderen per Zufall getroffen. Das ist ja voll cringy.“

„Danke für die Aufmunterung“, murmelte Frauchen. „Und das ist noch nicht das Schlimmste. Die beiden kennen sich vom Fußballverein ihrer Söhne.“

Karla verengte die Augen zu so dünnen Schlitzen, dass ich einen Moment lang schreckhaft dachte, sie würde blind werden.

„Mama!“, sagte sie streng. „Du kannst unmöglich einen Mann hier anschleppen, der Söhne hat. Das sind safe totale Loser und wir müssen uns am Ende mit denen in der Öffentlichkeit zeigen.“

Frauchen sah ihre Tochter mit einem Blick an, der in die Richtung dessen ging, den sie damals kurz vor dem großen Knall der Bürozicke zugeworfen hatte. Ich legte mich mal lieber in mein Körbchen und sogar der Eddie, der bis dahin trotz Frauchens Ermahnung sofort runterzugehen, auf dem Esstisch gelegen und sich von Karla hatte kraulen lassen, blickte hoch.

„Natürlich, Schatz. Gut, dass wir das geklärt hätten. Ich rufe beide gleich an und sage ihnen, dass ich mich wegen ihrer mir zwar unbekannten, aber auf jeden Fall missratenen Söhne leider nicht länger mit ihnen treffen kann. Das könnte ich meinen wohlgeratenen Töchtern schließlich nicht zumuten.“ Sie verengte die Augen ebenfalls zu Schlitzen. „Im Anschluss suche ich mir eine Dating-App raus, wo nur Männer ohne Kinder angemeldet sind.“

Als Dank für dieses nette Angebot rollte Karla mit den Augen. „Wieso brauchst du überhaupt einen Mann? Ging bis jetzt hervorragend ohne. Und mit Papa war auch kacke, sagst du doch immer."

Nun war es an Frauchen, mit den Augen zu rollen.

„Ich brauche einen Mann, weil du mich später *safe* nicht pflegen wirst, wenn ich nicht mehr allein auf Toilette kann."

Natürlich wusste Frauchen so gut wie ich, dass man Karla mit der Erwähnung von Verdauung sofort in die Flucht schlagen konnte.

„Iieh. Mama. Das ist so eklig." Karla verließ mit einem Augenrollen de luxe wie vorhergesehen den Raum.

Frauchen seufzte. „Ich bin versucht, ihr nachzurufen, dass sie diese Woche mit Katzenklo dran ist, aber ich habe jetzt lieber meine Ruhe." Dann sah sie mich an. „Ach Holly. Wahrscheinlich habe ich sowieso beide vergrault."

Hallo! Ich hob meinen Kopf, obwohl ich wirklich müde von dem Tunnelgraben nach China und dem anschließenden Tollen mit Boo und Dex war. Das konnte nicht ihr Ernst sein. Sie konnte meine Ferien auf Bullerbü nicht einfach so zu einem Ende bringen.

„Weißt du, Holly, das Problem ist, dass ich Julius sowieso viel lieber mag. Der bringt mich so zum Lachen und …", sie streichelte meinen Kopf, war aber null bei der Sache, was ich ihr ausnahmsweise verzieh. „Ach, der Julius, da stimmt die Chemie einfach", erklärte sie plötzlich weiter.

Ich machte mir nicht die Mühe, meinen Kopf ob dieser Offenbarung zu heben. Woher sollte ich wissen, was diese Chemie war, ich nahm einfach mal an, dass es etwas Gutes sein musste, so verträumt wie Frauchen gerade aussah. Ich war einfach nur glücklich, denn Julius, das war Boos Herrchen. Meine Gebete waren erhört worden. Wie so oft war mein Glück von kurzer Dauer.

„Aber weißt du, Holly, ich glaube, der hat gar kein Interesse, sonst hätte er mich bestimmt mal gefragt, ob wir essen gehen wollen und nicht immer nur in den Grunewald zum Spaziergang.“

Menschen sind merkwürdig. Menschen sind merkwürdig. Menschen sind merkwürdig. Ich wiederholte das Mantra meiner Hundemutter in meinem Kopf, um nicht aufzuspringen und sie anzubellen, wie man sich so blöd anstellen konnte. Boos Herrchen schaute Frauchen nonstop an, wenn wir spazieren gingen, hing an ihren Lippen und brachte ihr dauernd eine Schokolade mit, die es nur in einem Geschäft irgendwo da gab, wo er und Boo wohnten und die Frauchen besonders gerne mochte. Was brauchte die Frau mehr als Liebesbeweis? Boo schleckte mir einmal durch das Gesicht und ich wusste, dass es Liebe war. Menschen. Ehrlich.

Die Frage war, was konnte ich tun, um unser aller Glück auf die Sprünge zu helfen. Die Söhne von Boos Herrchen waren bestimmt mindestens so töfte wie Boo, also würden auch Karla und Frida mehr als zufrieden sein, wenn Frauchen sich endlich für ihn entschied.

Als Erstes musste mal der Marsmensch weg, je weniger Ablenkung, desto besser, überlegte ich. Vielleicht sollte ich ihn beißen. Ich hatte bloß keine Ahnung, wie das ging. Ich war ein gutmütiger Flattie, ich glaube, von uns hat noch nie jemand gebissen. Vielleicht konnte Dexter ihn beißen, der war sicher Gangster genug für so eine Aktion. Nur, wie erklärte ich meinem geliebten Dex, dass er sein eigenes Herrchen beißen sollte, damit der sich von meinem Frauchen abwandte und wir uns nie wiedersehen würden? Boos Herrchen konnte ich auch nicht beißen, dann war der weg, und das war entgegen dem Grundgedanken. Außerdem wollte ich den noch weniger beißen.

Vielleicht war eine Möglichkeit, dass ich Boos Herrchen meine Zuneigung zeigte. Ja, und dann? Oder besser gesagt, wie? Ich mochte schließlich so gut wie alle Menschen und hatte bekanntermaßen vollkommen Fremden auf dem Ku'damm meine Liebe versichert. Ich war nicht überzeugt, dass die Botschaft, die ich senden wollte, verstanden würde.

Egal, wie ich es drehte und wendete, Frauchen musste ihr Männerproblem selber lösen. Und das machte mir Angst. So ungeschickt, wie sie sich anstellte, holte sie am Ende den Meckerkönig wieder aus der Versenkung.

49.

So als Familienhund kennt man die Eigenarten und vor allem die Geheimnisse seiner Menschen, das hatten wir ja schon. Der Hund erstellt, während er so daliegt und aussieht, als würde er sich dem Müßiggang hingeben, oft sogar tiefenpsychologische Studien seiner Zweibeiner. Ich zum Beispiel weiß, dass Frauchen sich besonders gerne über auf dem Boden herumfliegende Jacken aufregt, wenn sie ihren neuen Krimi dringend fertigkriegen müsste, aber nicht weiß, was sie schreiben soll.

So ein Hund hat viel Zeit, seine Menschen zu beobachten, und wissen Sie, warum er die hat? Der Hund redet nicht. Ein weiterer Faktor, warum Menschen Hunde so lieben. Frauchens und meine innige Beziehung rührt nicht zuletzt daher, dass sie in meinem Beisein ungehemmt plappern kann, während ich zuhöre und nie Widerworte gebe. Leider ist es so, dass meine stille Zuhörerschaft gelegentlich nicht ausreicht, Frauchen braucht offenbar Antworten und trifft eine oder gar mehrere Freundinnen. Ich nenne sie die Schnatterköniginnen. Es ist nicht so, dass ich ihr das nicht gönne, ich habe schließlich ebenfalls meine Hundefreunde, obwohl bei uns natürlich Action statt Schnattern angesagt ist. Das Problem liegt woanders. Ich möchte es mal so sagen, es war unter Umständen nicht wirklich eine schlechte Idee gewesen, dass Frauchen mir beigebracht hat, allein zu Hause zu bleiben –und noch besser wäre es gewesen, wenn sie mich auch genau dort gelassen hätte.

Es war schließlich ein Besuch in der Stadt, der die Entscheidung zumindest gegen den Marsmenschen brachte. Oder sollte ich lieber sagen, bei dem ich die Entscheidung gegen den Marsmenschen auf gewisse Weise herbeiführte.

Wir saßen mit einer von Frauchens Schnatter-Freudinnen in einem Café, was so ziemlich das Langweiligste ist, was man einem Hund antun kann. Denn während der über alles geliebte Mensch sich mit jemand anderem beschäftigt, soll Hund auf der Erde liegen und im besten Fall schlafen. Dabei darf Hund aber natürlich nicht bequem liegen, weil Hund sonst die anderen Café-Besucher stört. Streng genommen ist Kaffeetrinken eine Mischung aus langweilig und anstrengend, die man, wenn man ein Flattie wie ich ist, allerdings zumindest im Außenbereich aufpeppen kann.

Es war ein warmer Sommernachmittag und Frauchen hatte sich, wie gesagt, zum Schnattern in einem Straßencafé verabredet. Sie hatte meine Leine an dem schon von Weitem klapprig aussehenden Stuhl, auf dem sie saß, festgebunden und sich in Gespräch und Käsekuchen vertieft. Ich hatte mich in die Beobachtung meiner Umgebung vertieft, nachdem ich die Hoffnung aufgegeben hatte, den Käsekuchen durch die Holzgitterstäbe des Stuhles unauffällig zu hypnotisieren, damit ein Stück zu mir herunterfliege. Wenigstens saßen wir am Rande des Cafés und ich hatte zur Straße hin genügend Platz, bequem zu liegen und mit meinem Kopf auf den Pfoten das Treiben um mich herum zu beobachten. Und da sah ich ihn. Er ging nach rechts und links ziehend an der Leine und störte sich wie gewöhnlich überhaupt und gar nicht daran, was sein Herrchen wollte. Dexter.

Sie fragen sich sicher, warum ich vorhin erwähnte, dass Frauchens Stuhl schon von Weitem klapprig wirkte? Ganz einfach, es war für den Fortgang der Geschichte von Bedeutung, genau wie die ebenfalls bereits erwähnte Tatsache, dass ich auf der Waage die 30 Kilo anpeilte. Man braucht dieses Wissen, um sich vorzustellen, was passiert, wenn ein ausgewachsener Flattie, dessen Leine fahrlässigerweise an einem maroden Stuhl festgemacht wurde, aufspringt und losrennt, um einen seiner besten Freunde zu begrüßen. Genau. Ich zog meinem schnatternden Frauchen den Stuhl unter dem Popo weg und raste mit eben jenem, also dem Stuhl, nicht dem Popo, im Schlepptau Richtung Dexter. Das war ein ganz schönes Gepolter. Geradezu aufsehenerregend. Nicht wenige Menschen taten es mir nach und sprangen ebenfalls auf. Da sah man wieder, wie unnötig, um nicht zu sagen störend, Leinen sind. Bei den unangeleinten Menschen fielen die Stühle nicht um. Ich war irgendwie die Einzige, die jemanden mit ihrem Aufspringen zu Fall brachte. Frauchen war, Sie ahnen es, not amused. Sie lag mit verwirrtem Blick auf der Erde und verstand die Welt nicht mehr, dann wurde sie sauer. Was Sie nicht ahnen, ist, dass mein Aufspringen sie mittelfristig deutlich weniger erzürnte als die Tatsache, dass der Marsmensch im Gegensatz zu einigen Cafébesuchern nicht angerannt kam, um ihr zu helfen. Der grüßte nur zögerlich aus der Entfernung. Die Frau, die neben ihm stand und seine Hand hielt, grüßte gar nicht. Sie guckte dafür aber recht finster, wie Frauchens Schnatterfreundin berichtete, nachdem alle wieder saßen und Frauchen ein zweites Stück Käsekuchen – auf den Schreck – vor sich stehen hatte.

„So ein Hund!", schimpfte Frauchen. „Der ist die ganze Zeit zweigleisig gefahren. Wer weiß, vielleicht sogar drei- oder viergleisig."

Ich glaubte, am Gesicht der Schnatterfreundin zu erkennen, dass auch die nicht zu 100 Prozent hinter Frauchens soeben getroffener empörten Aussage stand. Denn erstens: Hallo! Ein Hund war nun wirklich etwas ganz Wunderbares, den brachte man nicht mal im Entferntesten mit einem Schimpfwort in Verbindung. Und zweitens: War Frauchen nicht selber zweigleisig gefahren mit Boos Herrchen und dem Marsmenschen? Ich meine, ich war hier nur der Hund, aber mir zumindest schien das mal wieder ganz verdächtig in die Richtung mit dem zweierlei Maß zu gehen.

„Caroline, du warst ständig mit zwei Männern im Grunewald unterwegs", sagte die Schnatterin vorsichtig.

„Das war etwas anderes!" Frauchen war weiterhin empört, schien aber kurz nachzudenken und grinste schließlich. „Das habe ich vergessen, da kann ich nichts zu, das ist Grunewald-Demenz."

Sollte ich jemals Welpen bekommen, die würden den Leitsatz „Menschen sind merkwürdig" schon mit der Muttermilch aufnehmen, beschloss ich. Da man als Hund im Allgemeinen, als Flattie aber im Besonderen immer das Positive sieht, hielt ich für mich fest: Immerhin, der Marsmensch war aus dem Rennen. Jetzt musste Boos Herrchen, auch Julius genannt, Frauchen zu etwas anderem einladen als zu einem Hundespaziergang, dann waren wir im grünen Bereich.

Leider meldete der sich in den nächsten Tagen und Wochen

nicht mehr bei Frauchen, vielleicht war er auch zweigleisig unterwegs gewesen. Oder seine fußballspielenden Söhne hatten ihm den Kontakt zu Frauchen verboten, nachdem sie gehört hatten, dass diese zwei Teenager-Töchter hatte und die safe totale Loser sein würden.

50.

Nachdem sich Frauchens Liebeskarussell ausgedreht hatte, hatte sie wieder deutlich mehr Zeit, die es natürlich zu füllen galt. Rumsitzen und chillen war bei der Frau nicht angesagt. Theoretisch war ich da vollkommen ihrer Meinung, praktisch leider nicht, denn wenn Frauchen Zeit hatte, war das gleichbedeutend mit Frida und Karla sollten ihre Zimmer aufräumen und/oder Hausaufgaben machen oder – noch schlimmer – ich sollte etwas lernen.

Sitz, Platz, Aus, Bleib, Such, Bring. Mal ehrlich, ich konnte den ganzen Mist doch schon. Warum fing sie immer wieder davon an? Offenbar war das eine Art menschliches Zwangsverhalten, denn ich hatte das mittlerweile öfter auch bei anderen Hundebesitzern beobachtet. Die mussten sich offensichtlich immer wieder beweisen, dass ihre Hunde was konnten. Die ganz Abgedrehten trafen sich sogar extra und kommandierten ihre armen Hunde in der Gruppe rum. Der beste Rumkommandierer durfte aussuchen, was gemacht wurde. Sie haben richtig geraten, es war so weit, wir gingen in die Hundeschule. Dabei hatte ich mit dem Thema eigentlich abgeschlossen und Frauchen auch, vermute ich fast. Dummerweise kamen mir Frauchens Ungeschicktheit in Liebesdingen und eine Hecke dazwischen. Im wahrsten Sinne des Wortes. Und zack, stand die Hundeschule wieder auf dem Programm.

Es hatte alles harmlos genug angefangen. Bei uns in der Nähe gab es so einen kleinen Park, der war frühmorgens immer ganz leer. Nachdem der dicke Eddie und ich Frauchen an einem schönen Sommermorgen erfolgreich aus dem Bett „geguckt" hatten, gingen wir dahin. Also ohne Eddie. Frauchen und ich. Sonnenschein, gute Laune, alles supi. Frauchen ließ mich von der Leine, ich rannte, schnüffelte, war in meinem Element. Happy Holly.

Der Moment, als sie lediglich meinen Schwanz – wedelnd – aus irgendeinem Gebüsch rausgucken sah, musste so eine Art Auslöser für sie gewesen sein: Kann mein Hund eigentlich was? Oder hat der am Ende nur noch Spaß? Offenbar war das ein Horror-Szenario für Frauchen, dem sie dringend ein Ende setzen musste.

„Holly, hier!"

Ich lief natürlich treudoof hin, setzte mich vor sie und schaute lieb. Erstens war ich bereits gut erzogen und zweitens hätte schließlich sein können, dass sie mir ein Leckerchen geben wollte. Einfach mal so, wäre mal was gewesen. Aber nein, sie sah mich mit einem dieser unheilbringenden strengen Blicke an und sagte „Bleib". Dann ging sie weg. Ich musste sitzen bleiben, bis sie sich umdrehte und mich rief. War nicht so, als hätten wir das nicht gefühlte Zweimillionentausendmal geübt. Ich war jedes Mal brav auf meinem schwarzen Hintern sitzen geblieben und auf Abruf, so schnell ich konnte, zu ihr gerannt, weil ich hoffte, dass der Spuk endlich ein Ende hatte. Oder es Leckerchen gab. Im Idealfall beides.

An diesem so schönen gechillten Morgen hatte Frauchen sich offenbar überlegt, dass sie ihr fades Bleib-Spielchen ein bisschen aufpeppen könnte. Mit Distanz. Gähn. Ich machte brav Sitz, wie mir geheißen und sah Frauchen zu, wie sie immer weiter weglief. Ich überlegte gerade, ob sie wohl ohne mich nach Hause gehen wollte und wann genau sie gedachte, mich abzuholen, als sie stehen blieb. Sie hatte ungefähr die Größe des Playmobil-Männchens des Nachbarkindes, an dem ich auf gar keinen Fall rumkauen durfte. Fällt Ihnen was auf? Wenn ein Hund keine Erziehung mehr brauchte, dann ich. Allein bleiben? Check. Nichts ankauen? Check. Brav Sitz machen, wenn Platz so viel bequemer wäre? Check. Kommen, wenn Playmobil-Frauchen rief? Check. Beim Rücklaufen die Kräfte einteilen und über die zwei Hecken springen? Check. Frauchen mit meinen Sprungkünsten zu Tode erschrecken? Check. Sich winden wie ein Aal, wenn Frauchen danach den ganzen Hund auf Verletzungen untersucht? Check.

„Holly, bist du denn verrückt geworden? Du kannst nicht über die Hecken springen! Weißt du, wie gefährlich das ist? Was, wenn du hängen bleibst?" Frauchen war ernsthaft entsetzt. „Es ist wirklich Zeit für die Hundeschule!"

Und da lernte ich, sinnbefreite Umwege zu laufen? Ich muss gestehen, ich stand dem Projekt Hundeschule mehr als kritisch gegenüber. Aber auch ein Flattie kann sich mal irren.

51.

Sehr geehrte Damen und Herren, liebe Hundefreunde, wir neigen uns dem Ende meiner Geschichte zu. Warum, werden Sie fragen, vielleicht sind Sie auch froh. Das Buch heißt doch ein Hundeleben und mein Hundeleben hat eigentlich gerade erst so richtig angefangen. Stimmt, aber der Besuch der Hundeschule war eine Art Zeitenwende. Für Frauchen und für mich. Vielleicht lag es daran, dass Frauchen so lange mit dem Besuch gewartet hatte, bis ich wirklich schon alles konnte, oder ich war tatsächlich ein Wunderhund. Oder alles, was bisher geschehen war, war mal wieder nur ein ganz großes Missverständnis gewesen. Jedenfalls lernte ich bereits bei unserem ersten Besuch die – glaube ich – wichtigste Lektion, die ein Hund, der in einem Menschenrudel lebt, lernen kann und muss: Es kommt immer anders, als man und Hund denkt.

Es ist nicht so, als wäre ich zitternd mit Frauchen in Richtung der Hundeschule gelaufen. Nein, konnte ich auch gar nicht, mich hatte mal wieder keiner in den Verteiler kopiert, dass es losging. Ich dachte, wir machen einen normalen Spaziergang, als Frauchen plötzlich eine so scharfe Rechtsbiegung vollzog, dass ich fast das Gleichgewicht verlor, da ich gleichzeitig an einem sehr interessanten Zweig links schnüffeln wollte.

„Da wären wir", murmelte Frauchen und ich spürte, wie sie sich am anderen Ende der Leine verkrampfte.

Dies war ein untrügliches Zeichen, dass wir gleich jemanden treffen würden, bei dem es ihr unangenehm war, dass ich trotz aller Guterzogenheit ein klein wenig mehr Temperament hatte als eine Schlaftablette. Ich beschloss also, erwachsen wie ich war, mich so gut, ich eben konnte, zu benehmen. Man beachte bitte die Wortwahl: So gut benehmen, wie ich konnte, nicht wie ich wollte. Ich wollte losrasen und den Platz, der sich vor uns auftat, abschnüffeln. Der roch besser nach Hund als alle Straßenbäume bei Frauchens früherer Arbeit und im Grunewald zusammen. Hatte ich schon wieder Geburtstag und das war mein Geschenk? Konnte nicht sein, selbst Frauchen war nicht ein derartiger Party-Puper, dass sie mich an meinem Geburtstag an der Leine gelassen hätte. Außerdem verkrampfte sie am anderen Ende der Leine immer mehr.

„Willkommen in der Hundeschule", sagte plötzlich eine Stimme neben uns.

Oh oh. Frauchen hatte mal wieder die „Was Holly nicht weiß, regt Holly nicht schon vorher auf"-Technik angewandt.

Vor uns stand eine Frau, die mich von oben bis unten musterte. Oder es versuchte. Offenbar kannte die sich mit Hunden schon mal so gar nicht aus, wenn man einen Flat Coated Retriever länger als den Bruchteil einer Sekunde anschaut, ist das für den nun wirklich eine Art Liebeserklärung, die er auf jeden Fall mit Abschlecken aller erreichbaren Körperteile positiv beantwortet. Und nicht mit brav Sitzenbleiben.

„Da haben wir also so einen durchgeknallten Flat", sagte die Frau, streichelte mich allerdings dabei. „Dann wollen wir mal schauen, was die Kleine schon kann.“

Wir liefen zu dritt auf eine große umzäunte Wiese, bevor ich durch das Tor durfte, musste ich allerdings erst mal Sitz machen. Meine leichteste Übung, diese Form von Abtörner vor dem Spaß baute Frauchen immer gerne in unseren Alltag ein. Und dann ging es los: Bei Fuß. Sitz. Platz. Hier. Bleib. Und noch mal von vorne. Und noch mal. Und noch mal.

Schließlich rief die Frau uns zu sich. Ich war etwas enttäuscht. Das war es also? Der Vorhof zur Hölle? Die paar Kommandos? Und dann kam etwas, womit wohl weder Frauchen noch ich gerechnet hatten. Die Hundetrainerin sprach ihr Urteil: „Also, Frau Parker, der Hund ist großartig, aber Sie, Sie müssen an Ihrer Haltung wirklich arbeiten.“

Ende

Na ja. Mal schauen.
Sie wissen ja, wie Frauchen drauf ist.
Vielleicht gibt es da irgendwann noch mehr zu erzählen.
Bis dahin, dicken Knuddler
Holly

Nachwort

Als ich dieses Buch geschrieben habe, hatte ich des Öfteren das Bedürfnis, mehr Informationen über die Rasse Flat Coated Retriever einfließen zu lassen. Damit Sie als Leser besser verstehen, warum Holly ein so verrücktes „Huhn“ ist und bei uns eigentlich nur „Holly Höllenschlumpf“ heißt. Aber das hätte den Lesefluss gestört, also beschloss ich, ein Nachwort mit ein paar Worten zu diesen doch eher unbekannten Jagdhunden anzufügen. Vielleicht auch als Warnung, falls Holly Sie auf den „Flattie-Geschmack“ gebracht haben sollte.

Kurz bevor ich mit dem Buch fertig wurde, bekam ich einen Link zu einem Blogbeitrag zugeschickt, in dem es um Flat Coated Retriever geht. Ich las den Beitrag und wusste sofort, besser kann man die Rasse und ihre Eigenheiten nicht beschreiben. Ich schrieb die Autorin Julia Birk des Blogs „Hunting Dogs – Passion und Lifestyle“ an und zum Glück hat sie mir erlaubt, ihren wunderbar humorvollen und doch liebevollen Text über Flat Coated Retriever zu veröffentlichen. Hier ist alles, was sie über Flatties wissen müssen:

Der Flat rockt das Feld!

Trifft man bei einer eher ehrwürdigen Veranstaltung mit seinem noch jungen Flat Coated Retriever auf Labrador- und Golden Retriever-Besitzer, wird einem manchmal ein britisch gestelztes „Oh ein Flat!" entgegengeraunt.

In der Familie der Retriever wirkt der Flat wie der immer nervige kleine Bruder, bei dem noch keiner so genau weiß, was aus ihm einmal werden soll. Wie sich im Film die Eltern des Michel aus Lönneberga leicht seufzend zu ihrem Jungen bekennen, seufzen Flat-Halter fast ein bisschen entschuldigend „ich mag halt die Flats!"

Den Flat berühren solche traditionalistischen Animositäten nicht. Understatement hat mit ihm nicht grundsätzlich etwas zu tun. Während seine Verwandten geduldig und entspannt der Dinge harren, die da kommen, vertreibt sich der junge Flat die Zeit. Eifrig befreit er das Erdreich vor sich vom Moos; Holzstöckchen werden sedimentiert und andere Grünpflanzen spektakulär zerkaut.

Richtet sich die Aufmerksamkeit dann auf den kleinen oder nicht mehr ganz so kleinen Hund, klebt noch Erde zwischen seinen Zähnen oder ein Holzstöckchen steckt schief im Gaumen fest. Übereifrig und dabei sehr spektakulär bemüht er sich, sein Dilemma zu beseitigen, erfolglos - er braucht Hilfe!

Je nach Zusammensetzung der Runde bekommt er dafür verzückte Lacher oder entnervtes Kopfschütteln „ist halt ein Flat". Die Menschen der Flats versuchen Schadensbegrenzung und wischen sich danach die angesabberten Finger diskret und vielleicht wieder „ist halt ein Flat" seufzend am Hosenbein ab. Eine meiner liebsten Flat-Frauchen-Freundinnen befestigte sich, solange ihr Flat-Mädchen klein war, ein „Sabbertuch" direkt an der Dummyweste. Optisch eine Katastrophe und „Nicht-Flat-Haltern" schwer zu vermitteln, in ihrem Fall aber durchaus sinnvoll.

Junge Flats erinnern mich immer an Fohlen. Die Beine staksig, wenig stabil und viel zu lang im Verhältnis zum Körper. Der schmale lange Kopf umrahmt von ausgefransten Ohren, das Fell unsicher, ob es sich zu lang und seidig oder kurz und kompakt entwickeln soll. Sein Blick aus neugierigen Augen, die jeden Umweltreiz erfassen und immer wieder seinen Menschen anblinzeln. Die Augenbrauen wirken, als würden sie tanzen, um seine Zuwendung zu betonen und seine Lebhaftigkeit zu unterstreichen. Nur scheinbar kann dieser kleine Hund kein Wässerchen trüben, dahinter lauert der Schalk.
Ich bin der Meinung, dass man die Setter kennen muss, um den Flat zu verstehen. Seine Freude am Laufen, sich nicht beschränken, weitergehen, auf Bindung bestehen und sich dabei Unabhängigkeit bewahren. Nicht zuletzt seine Vitalität, die er sich ein Leben lang bewahrt.
Seine Ausbildung verlangt vielleicht noch etwas mehr Geduld, als Hundeausbildung sowieso schon erfordert. Die Flats sind lange Kind. Stellt man sich darauf ein und beginnt vieles spielerisch mit dem kleinen Hund, lernt der Flat unbekümmert. Seine Begeisterung an der gemeinsamen Sache und die ihm geschenkte Aufmerksamkeit von Herrchen und Frauchen lassen ihn wachsen. Dabei trauen sie sich Dinge, bei denen sie unter Erwartungsdruck blockieren würden.
Oft sind die Flats bei den Basics wie Konzentration, Geduld, Leinenführung noch unzuverlässig oder unruhig, schwimmen dafür jedoch schon ehrgeizig ans andere Ufer. Hat er einmal keine Lust und probt den Aufstand, geschieht dies sehr subtil.

Als Mensch weiß man dann nicht so genau, ob der „Schatz“ das Kommando nicht kennt, kann oder ob er nicht will!

Denke ich an die Flat Coated Retriever, baut sich vor meinem inneren Auge ein recht typisches Bild einer Trainingssituation auf: Während der Trainer dem Halter die Übung erklärt und beide konzentriert nach vorne blicken, blinzelt der Flat mal kurz an den Hosenbeinen vorbei nach hinten, zur Seite und einmal im Kreis. Die flauschigen Ohren wunderfitzig – sprich neugierig - in Vorfreude gespannt.

Die Herausforderung, sich und seinen Hund auf die Übung zu fokussieren, liegt nun beim Flatbesitzer. Da dieser über ähnlich viel Temperament verfügt wie sein Hund, gelingt das perfekte Timing manchmal nicht sofort.

Beim Zusehen denkt oder flüstert mancher Zuschauer wiederholt: „…ist halt ein Flat“.

Auch ein Flat Coated Retriever wird erwachsen. Sie entwickeln sich zu wunderbaren Hunden, die Souveränität ausstrahlen, Ruhe akzeptieren lernen, ohne dabei ihre Lebendigkeit und Jugendlichkeit aufzugeben.

Ihr doch beachtliches Interesse an Wild und an der Jagd prädestiniert sie für eine jagdliche oder jagdnahe Ausbildung. Während der großräumigen Suche, wenn der Hund beim Spiel mit dem Wind ins Laufen kommt und sein seidiges Fell jede Muskelbewegung betont, spielt die Melodie des Flats und dann singt der verzückte Chor: „Ist halt ein Flat“.

Über die Autorin

Eine Krimiautorin, die ein Hundebuch schreibt? Geht das überhaupt? Natürlich, schreiben kann sie schließlich und einen Hund hat sie auch. Mit „Holly. Ein Hundeleben" hat sich Caroline Parker einen kleinen Traum erfüllt und zur Abwechslung mal nicht auf dem Papier gemordet, sondern über das Leben mit ihrem Flat Coated Retriever Holly geschrieben.

Caroline Parker hat Geschichte studiert und als Journalistin für Politik und Wirtschaft im In- und Ausland gearbeitet. Neben ihrer Passion für das Schreiben haben fremde Länder und Kulturen sie schon immer fasziniert, gemeinsam mit ihrer Familie hat sie viele Jahre im Ausland, darunter Paris, London, Singapur und Dubai gelebt, bevor es sie zurück nach Berlin gezogen hat. Immer an ihrer Seite waren dabei ihre Hunde, ein Leben ohne Fellnase ist für sie nicht vorstellbar. Caroline Parker schätzt sich daher überglücklich, mit Holly bereits zum dritten Mal den besten Hund der Welt zu ihren Füßen liegen zu haben, wenn sie ihre Bücher schreibt. Und das sind eigentlich Krimis, ihre Berlin Krimi-Reihe rund um die beiden Kommissare Amaryllis Winter und Falk von Heeren umfasst bislang zehn Bände.

Sühnekind – Berlin Krimi 1
Himmelstod – Berlin Krimi 2
Feuerskälte – Berlin Krimi 3
Zornesopfer – Berlin Krimi 4
Tränenstille – Berlin Krimi 5
Farbenmord – Berlin Krimi 6
Mädchenrache – Berlin Krimi 7
Todesdoppel – Berlin Krimi 8
Engelsschluss – Berlin Krimi 9
Totenjagd – Berlin Krimi 10

Printed in Germany
by Amazon Distribution
GmbH, Leipzig

26805771R00152